JN237229

見てわかる 読んで納得!!!

イラスト図解
家紋

日本家紋研究会会長
監修◎髙澤 等

日東書院

はじめに

「家紋」は、世界に類を見ない日本独特の文化と言っても過言ではない。ヨーロッパの貴族が紋章を用いているが、日本に多くの文様を伝えた中国には、家紋らしきものはない。

ヨーロッパの紋章は、代々伝わる由来や動物、植物などを使用し複雑に表現されていて、素晴らしいものだ。しかし、日本の家紋は種類の多さと、図柄の優れたデザイン性、そして明快な図案に込められた意義、美しさがある。

家紋は、古くは天皇や公家、貴族が衣服、調度品、輿車《こしぐるま》などに用いていた文様が、家紋として使われるようになったものだ。やがて多くの武将が、戦場での識別として、旗、幟《のぼり》、兜《かぶと》などの武具、馬具などに用いた。旗や幟などに、尚武的な意義や武運などの意義を込めた紋をつけていた。

旗印となった紋は、一族を表す家紋として用いられ、家紋を代々受け継いで大切にした。江戸時代になると、商人や庶民も商売繁盛や名字にちなんだ家紋を使用するようになる。

日本人は古くから四季を楽しみ、花鳥風月を愛でてきた。そんな日本人だからこそ、太陽、月、星などの自然現象や、何気なく咲く花や植物、身近な動物や空想上の生き物、日常生活で使われる器具、道具などを、見事なまでに図案化することができたのだろう。そんな家紋には、すべて意義が込められている。それは古くから続く、信仰心であったり、縁起であったりする。多くは一族の幸福、健康、子孫繁栄などを願ったもので、代々家紋は大切にされた。

日本人は、御先祖様を大切にする民族である。それは着物や紋付き羽織、墓石に代々伝わる家紋を用いることからもうかがえる。しかし、近年自分の家の家紋がわからないという人もいるらしい。

本書は、家紋を「天文紋・地文紋」「花紋」「植物紋」「動物紋」「器材紋」「建造物紋」「文様紋・文字紋・図符紋」、神紋、寺紋、歌舞伎紋、落語家紋を「その他の紋」に分類し、2000点以上の家紋と由来などを紹介している。

家紋に興味を持っている人はもちろんのこと、歴史や戦国武将が好きな人は、本書で家紋の魅力を再発見していただきたい。さらには、自分の家紋がわからない人も本書を参考にしていただいて、代々伝わる家紋を見つけていただければ幸いである。

目次　イラスト図解・家紋

※本書では、紋の見やすさを考慮して地を白にしています。地が黒が基本の紋の場合は、反転して掲載していることをご了承下さい。
※線の太さは史料を基に作成していますが、若干の差異がある可能性があります。
※紋の名称は、監修者の唱えている名称を基本にしています。

第一章

家紋の基礎知識

家紋とは何か…／家紋の数と種類・分類／家紋と苗字の関係／皇室と公家の家紋の由来／武家の家紋の由来／庶民の家紋の由来／家紋の歴史

家紋とは何か…

家紋は家の紋章として代々受け継がれてきた、日本独特の文化の一つ。その家紋の魅力は、なんといっても図柄の美しさにある。また、日本の自然美や、日本人ならではの感性が表現されていることだろう。

家紋の定義と家紋の魅力

家紋とは、簡単に説明すれば〝家柄によって決められた紋章、紋所〟〝家柄を象徴するもの〟といったところだろうか…。

基本的に文様は、縁起や信仰心を重んじたものはあるが、多くは見た目の美しさなどが中心であった。しかし、家紋には意義が込められている。さらに家紋は、子孫繁栄を願うものであり、家の紋章として、代々子孫に受け継がれるものである。

家紋は、古くから公家や天皇が文様として衣服や調度品、輿車《こしぐるま》、牛車《ぎっしゃ》などに用いていたものである。それを武士が戦場での目印とし、旗や幟《のぼり》、兜《かぶと》などに用いた。やがて、一族を表す家紋へと発展していく。

戦のない江戸時代に入ると、商人が商売の屋号として、暖簾《のれん》などに家紋を用いた。明治時代になると庶民も苗字を名のることができるようになり、それに伴って自由に家紋を使用するようになり、さらに家紋の種類が増えていった。

唐花は、公家が装束などに用いた服飾文様の有職文様。衣服紋が家紋に転化した。紋は三条氏の三条唐花

村上源氏の系譜である名和氏が用いた家紋。南北朝時代に、隠岐から脱出した後醍醐天皇を名和長年が船上山で迎えた。その功績により、天皇より下賜された

家紋の特徴と日本人の感性

家紋の最大の特徴は、種類の多さと図柄のデザイン性に優れていること、ほとんどの家紋に意義があることだろう。

ヨーロッパの貴族にも紋章（エンブレム）があるが、日本の家紋に較べて数が多くないし、デザインもさほど豊富ではない。家紋は世界に誇れる日本の文化であるとともに、芸術品なのである。

自然現象の太陽、月、星、稲妻、雷などを写実的に、もしくは抽象的に表現。身の回りで見られる植物（草花）や動物をデザインして家紋にする。

身の回りの道具、用具、玩具、武具を図案化した家紋。古くから伝わる文様をさらに複雑に、より伝えたいことを文字に託した字紋をはじめ、信仰心や由来、御神体、神使などを表した神紋、寺紋などがある。

これからでもわかるように、まさに日本人ならではの四季を感じる感性の素晴らしさや、ものを大切にする教え、日本独特の信仰心を表現しているのが、家紋なのだ。

他の国に比べて、日本の苗字の数は圧倒的に多い。約30万もの苗字があり、**20000以上もの家紋**があると言われる。そのすべての家紋に、意義が込められている。

そんな家紋には、氏族のルーツが隠されている。使用家紋の由来や意義、苗字の由来、家系、地方色などを紐解《ひもと》いていくことによって、自分のルーツに辿《たど》りつくことができるのだ。

月は、不老不死や長寿の象徴として家紋や兜の前立てに用いられた

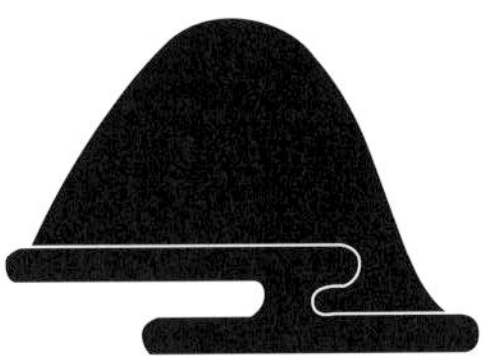

生活の身近にある風景も、家紋の図案にされた。右の家紋は「山に霞」

奈良県の大神神社の神紋は、三本の杉がデザインされている。万葉集の和歌に「杉の社」と詠まれるほど杉が豊かで、拝殿の前には杉の御神木もある

家紋の数と種類・分類

20000点以上もある家紋。それぞれに性質があり、意義が込められている。図案化された対象物で「天文紋・地文紋」「植物紋」「動物紋」「器材紋」「建造物紋」「文様紋」「文字紋」「図符紋」などに分類される。

家紋の数は20000点以上にもなる

家紋の数は、一体どれだけの数があるのだろうか。文様から家紋に用いられるようになった平安時代には、400点から500点もあったと言われる。現在の家紋の数は、20000点以上とも言われる。

日本には現在、約30万もの苗字があることを考えると、20000点以上の家紋があっても不思議ではない。ではどのように増えていったのだろうか…。家紋の数が増えた背景には、家督相続が大きく関係している。

古くから長男が家督を相続し本家に残り、また、家紋も相続する。それ以外は、分家として出ることになる。しかし、一族としての意識が強いため、新しい家紋にするのではなく、本家の定紋を少し変えて新たな家紋を作ることになる。それが家紋の数が増えていった要因である。

また、現在ではあまり見られないが、古くから家紋には**定紋**《じょうもん》と**替紋**《かえもん》があり、戦国時代の武将などは2種類以上もの家紋を使いわけていた。

それらの家紋が現在にまで伝えられているわけであるから、家紋の数が多いことはうなずける。

天皇家定紋

【十六弁八重表菊】

天皇家替紋

【五七桐】

家紋の種類と分類の仕方は…

家紋の分類には、**使用用途による分類**（定紋、替紋、女紋、通紋、洒落紋）がある。定紋とは公式に用いられる紋で、本紋、正紋とも言われる。替紋は定紋以外の家紋のことである。天皇家は定紋が菊紋になり、替紋が桐紋になる。

女紋とは、女系で母から娘へと受け継がれる家紋や図柄がやさしい女性らしさのある家紋に対して用いられる。通紋は縁起が良く、使用例が多く、誰が使用しても差し障りのない家紋になる。洒落紋は、家紋の定義にこだわらず華美的なデザインで作られた家紋のことだ。この洒落紋は、江戸時代に流行した。

本書は、図柄になった物象によって分類される**自然科学的分類**になる。天地と気象や自然現象を表現した**「天文紋・地文紋」**。研究者によっては**「自然紋」「森羅万象紋」**などとも言う。

身の回りで見られる植物（草花）を図案化した**「植物紋」**。数ある家紋の中で二番目に多いのが、この植物紋になる。動物や昆虫、水生動物、空想上の動物などを図案化した**「動物紋」**。

当時の人々の生活に必要な道具類や器具、玩具、漁具、馬具、楽器、通貨、仏具、武器などが用いられた**「器材紋」**。この器材紋が家紋の中では、一番種類が多いとされる。器材紋を「器具紋」と分類したり、中でも尚武的意義の強いものを**「尚武紋」**に分類する場合もある。

「建造物紋」は、比較的大きな建造物そのものや、建造物を象徴するものなどを、図案化した家紋になる。**「文様紋」**は、着物などに用いられていた文様を幾何学にしたり、連続して使い、表現するものが多い。**「文字紋」**は名のごとく吉祥的な意義のある文字を用いたり、名を表す文字を用いた家紋である。**「図符紋」**は伝えたいことを図に表現したもので、それを家紋にしたものになる。

他には家紋の文様がどこで成立したかによる**源流による分類**、家紋に**込められた意義**（尚美的、瑞祥的、尚武的、信仰的、指示的、記念的）による分類がある。

家紋と苗字の関係

『万葉集』の和歌が詠まれた8世紀の頃には、一般庶民でも苗字を名のっていた。しかし、武家社会の成立により、苗字は武士や公家などが名のる特権と考えられ、庶民は公称できずに家紋を用いるようになった。

武家社会の成立により、苗字が特権化される

一般的に、庶民が苗字を持ったのは明治時代からである。しかし、実は、8世紀頃から庶民でも苗字を名のっていたらしい。庶民から天皇までの和歌を掲載している『万葉集』には、庶民の詠み人の名前が、苗字付きで掲載されている。

12世紀になり、武家社会が成立すると、公然として庶民が苗字を名のることがなくなる。四大氏姓の源平藤橘などの軍事貴族が、天皇から下賜された氏とは別に、支配する地名を領主の証として用いていた武家もいたからだ。そのため、支配下にあった庶民は領主に憚《はばか》って、苗字を名のることを自粛したと考えられる。しかし、中には家紋を苗字がわりに用いる者もいた。

この習慣が続くうちに、苗字は公家や武家の特権とされた。家紋も一族のつながりを示す証として、本家と分家で紋の形を少し変化させて継承されていった。

庶民は、明治8（1875）年の**「平民苗字必称《へいみんみょうじひっしょう》義務令《ぎむれい》」**によって、密かに代々伝えていた苗字や、苗字を持たなかった家も名のれるようになった。

本家・分家の家紋例

【本家・檜扇に鷲の羽】

【分家・檜扇に鷹の羽】

津軽地方の戦国大名の秋田氏は、扇の中央に配した羽根で、本家と分家を区別した。これは秋田実季が作成した「秋田家系図」に由来が記されている

苗字、家紋の両方で家系の成り立ちがわかる

苗字の成り立ちは、四大姓の**「源平藤橘」**などの下賜された氏の他に、武家などに見られるように、領地の名前を用いた苗字がある。例えば高橋、渡辺などがこれにあたる。

高橋は神域に立てられた竹などの柱に由来するもので、過去に神職に携わった家系と言われる。鈴木は熊野三山周辺が発祥の苗字で、渡辺は摂津国（現・大阪府）渡辺郷が発祥の嵯峨源氏流である。

地名由来の他に、一族の職業が由来の苗字もある。例えば佐藤は、祖である藤原公清の役職「佐《すけ》」を用いたもの。藤原氏の家系に、この構成の苗字が多い。他に服部や矢部など、古代朝廷で担っていた職務が苗字になっている場合もある。

家紋も苗字とともに一族に継承されたが、**同じ苗字でも家紋が異なる**場合がある。これは系譜が違う証である。また、家紋によって家系がわかる場合もある。例えば梅紋は菅原道真の家系であり、梅鉢紋を用いた前田氏は菅原氏流を称していた。

家紋で系譜がわかる例

【抱き杏葉】

大友宗麟に仕えた家臣の高橋氏など、大友氏と縁故のあった家系

【梅鉢】

加賀藩主・前田氏の家系。前田氏は菅原家の家系と称していた

【大中黒】

清和源氏新田氏流の系譜。田中氏で家紋に用いている場合がある

【平四つ目結】

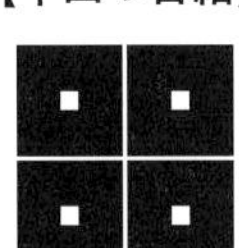

近江国に拠点を置いた宇多源氏佐々木氏の代表家紋

同じ苗字でも系譜が違う例

【佐藤姓の家紋】

下がり藤
下野国佐野を中心に栄えた藤原一族など

源氏車
藤原秀郷の末裔・佐藤公清の家系

【鈴木姓の家紋】

三つ足烏
紀州の傭兵集団「雑賀衆」の頭・鈴木孫一の家系

抱き稲
積んだ稲穂の意味で、熊野神社の神職の家系

皇室と公家の家紋の由来

天皇家の紋と言えば菊の御紋と、誰もがすぐに思い浮かぶだろう。この菊の御紋はいつの頃から、どういういきさつで使われるようになったのだろうか。同じく公家の家紋はどうだろうか。家紋の由来を紹介する。

菊を愛好した後鳥羽天皇が菊の文様を用いた

天皇家の家紋が、菊紋であることは誰もが知っているが、この家紋はいつ頃からはじまったものだろうか…。

天皇家が**菊の御紋**を用いるようになったのは、平安末期に即位した**後鳥羽《ごとば》天皇**（在位１１８３～１１９８年）以降のことだという。それ以前は円を二つ横に並べたもの、もしくは三日月と円を組み合わせた日月紋を用いていたらしい。

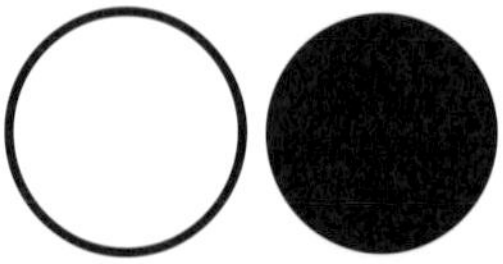

菊紋を用いる前の皇室の紋であった、日月紋。朝廷軍の旗（錦の御旗）などに標されていた

後鳥羽天皇が菊の愛好家であり、自分の調度品や衣類などのすべてに菊の文様を用いていたらしい。それが伝統として次世代へ受けつがれ、皇室専用の紋として定着したのだという。

後鳥羽天皇以降に皇室の象徴となった菊紋。室町時代には天皇家の紋として浸透していた

一目でわかる目印として用いた公家の家紋

公家は、朝廷に出仕して天皇に仕え、政務を取り仕切る位の高い貴族や、上級官吏のことである。

平安時代に花開いた貴族社会の中で、公家たちが朝廷に出仕する際に利用する乗り物が、牛車《ぎっしゃ》であった。出仕していた人数は定かではないが、出仕や退廷時間が重なることはあったと考えられる。

御所の車止まりにひしめいている牛車の中から、一目で自分の車を判別するために、車に紋を描くようになったという。

この紋は、ふだん自分が衣服や調度品などに愛用している文様を転用したものであったり、また、逆に車紋に使った文様を衣服や調度品に用いるようになった。

ここから、自家と他家を区別する印のようになっていき、共通の紋を使うことによって、一族を表す家紋に発展していったと考えられる。これがやがて、摂関家などの身分をも示す、紋として浸透したのが公家の家紋である。

藤原実季が車紋に用いたと言われる巴紋。子の公実も同じ紋を用い、やがて西園寺家の祖となった公実の三男・通季へ受け継がれた

大臣家の代表家紋

【三条西《さんじょうにし》家・丁子《ちょうじ》】

正親町三条実継の次男・公時を祖とする家系

【嵯峨《さが》家・連翹《れんぎょう》】

正親町三条家ともいう。清華家の三条家の分家

五摂家の代表家紋

【近衛《このえ》家・牡丹】

近衛家からの分家の鷹司家も牡丹紋を用いる

【九条《くじょう》家・藤】

二条家、一条家は分家で、同じく藤を用いる

羽林家の代表家紋

【冷泉《れいぜい》家・片喰】

藤原定家の孫の冷泉為相を祖とした家系

【姉小路《あねこうじ》家・連翹】

三条実房の子・姉小路公宣を祖とした家系

清華家の代表家紋

【三条《さんじょう》家・唐花】

藤原公実の二男・実行を祖とした家系

【西園寺《さいおんじ》家・巴】

藤原公実の三男・通季を祖とした家系

武家の家紋の由来

戦いの時に、自軍と敵軍を区別するために、旗や鎧に蝶や引両、扇などの目印を付けた。その目印が、一族を表す家紋として用いられた。矢羽根に用いられた鷹の羽や武運長久の縁起を担いだものなどの紋が多い。

敵、味方を見分ける旗印から発展した武家家紋

平安時代に桓武《かんむ》天皇は奥州平定すると、地方行政制度を進めた。武士の発祥は、かつての軍事貴族たちを国司として地方に派遣させ、独自の軍事力を貯えさせたことによると言われる。また、国司として東向、または西向した源氏や平氏などの軍事貴族が、赴任した先で自領を守るために武士集団を形成したとも言われる。

なかでも、古くから関東は、中央権力の届かない地であり、朝廷を追われた貴族が関東に下り、徒党を組んで一大武力集団に成長した例もある。武蔵七党の一つ、児玉氏が率いる児玉党もその一つである。この児玉氏が旗に記していた**「団扇《うちわ》紋」**が、武家の家紋の最初だと言われる。この当時には、一般的に武士の旗指物《はたさしもの》は、源氏が白、平氏が赤という色分けしかなかった。

平氏を討伐した源頼朝が、１１８９年に奥州藤原氏へ派兵する際に、駆けつけた同じ源氏流の佐竹氏に**「月の丸扇」**の紋を下賜した。これは、佐竹氏は白旗を掲げる源氏であるため、頼朝本軍と区別をするための配慮と言われる。

この個人特定の旗印が、やがて戦場で敵味方を見分ける印となり、一族、一門を示す家紋に発展していった。

児玉党が一族の紋として用いていたと言われる唐団扇。武家で最初に用いた家紋と言われる

平氏の主な家系と代表的な家紋

【貞衡流・萩】
平貞衡を祖とする家系。杉原氏などがある

【良文流・月星】
平良文を祖とする家系。千葉氏、三浦氏がある

【良将流・馬】
平良将を祖とする家系。相馬氏がこの家系

【清盛流・蝶】
平清盛を祖とする。織田信長が末裔と称していた

【公家平氏・蝶】
西洞院氏、長谷氏、交野氏、石井氏などがある

【高棟流・巴】
平高棟を祖とする家系。堂上平氏と呼ばれた

【良兼流・柏】
平良兼を祖とする家系。葛西氏がある

【維将流・鱗】
平維将を祖とする家系。北条氏などがある

清和源氏の主な家系と代表的な代表家紋

【義時流・龍胆】
源義時を祖とした義国流からの分流。石川氏など

【義光流・菱】
源義光を祖とした家系。武田氏、小笠原氏など

【頼親流・鶴】
源頼親を祖とした、奥州石川氏に繋がる家系

【頼光流・桔梗】
源頼光を祖とし、土岐氏一族を輩出した家系

【満快流・梶の葉】
源満快を祖とし、信州を拠点にした家系

【満政流・沢瀉】
源満政を祖とした家系。水野氏など

【義国流・引両】
源義国を祖とした家系。足利氏、新田氏など

【頼清流・文字】
源頼清を祖とし、主に村上氏に繋がる家系

庶民の家紋の由来

江戸時代になると、庶民は許された家以外は苗字を名のることができなかった。その時、苗字の代わりとして用いたのが家紋だった。文字の読めない人が多い時代に、家紋は各家を識別する印となった。

商家は屋号の代わり、役者は名刺代わりに用いた家紋

庶民に広く家紋が広まったのは、元禄年間（１６８８～１７０４年）である。華やかな江戸文化が花開いた時代であり、歌舞伎などの遊興が江戸の街を賑わした。この時代には桜紋などの新しい家紋が多く生まれ、商人や歌舞伎役者、遊女に至るまで、家紋を衣装や暖簾《のれん》にあしらった。

商家の家紋は、自分の店の印として店先に下げる暖簾に染め抜いた屋号代わりの紋が、由来と言われる。江戸時代の浮世絵に、当時の繁華街である日本橋通りを描いた風景画がある。そこには、入口に山形紋に一の字や丸に直違などの紋を中央に配し、左右に店の屋号や扱う商品名を染め抜いた暖簾を下げた店が軒を連ねている。

江戸時代に呉服屋を営んでいた三越を描いた浮世絵もあり、当時は丸に隅立て井筒に三文字の紋を大きく描いた暖簾を下げていたようだ。

暖簾に染められた紋が、人々には屋号代わりに浸透していった。それが、店主の一族の家紋として使われるようになったようだ。ミカン商売で一財をなした豪商の**紀伊国屋**《きのくにや》**文左衛門**《ぶんざえもん》が、羽織に店の紋を定紋としてつけたの

江戸時代に呉服店「三越」の暖簾に染められていた紋。屋号の印として、広く一般に浸透した。百貨店三越のマークとして知られる「丸に越」の紋は、明治5（1872）年から使用

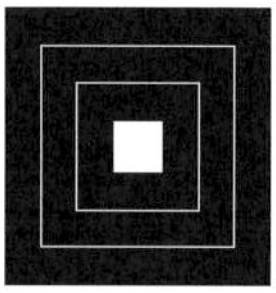

市川團十郎が用いた「三升」。手ぬぐいにこの紋をあしらい、客に配って名刺代わりとした

遊女たちが使った「比翼紋」。女性の紋と男性の紋を組み合わせた形で、庶民の間でも女性が小袖にあしらうなどして流行した

が、庶民の家紋の最初と言われる。

歌舞伎役者では、市川團十郎の**「三升《みます》紋」**が最初である。彼らはおのおのの紋を手ぬぐいに染めて、贔屓《ひいき》客へ配っていた。今でいう、名刺代わりにしていたのだ。この風習は、今でも歌舞伎界や落語界に残っている。

遊女は**蔦《つた》紋**や**桔梗《ききょう》紋**などの、女性らしい、たおやかな紋を自分の印とした。

彼女たちは、自分が使っている紋と馴染《なじ》み客の紋を組み合わせ、**「比翼《ひよく》紋」**という形を作った。それを着物にあしらい、客への愛情を示していたという。

庶民が苗字代わりに用いた家紋

明治８（１８７５）年に**「平民苗字必称義務令《へいみんみょうじひっしょうぎむれい》」**が制定されるまで、庶民は庄屋や名主などの政府から許されている家以外は、苗字を名のることが許されなかった。しかし、家紋を用いることは厳しく禁じられていなかった。

江戸や大坂などで暮らす町人の他に、百姓などの間では、墓所が継承されるようになってから家紋が定着したと思われる。

寛文４（１６６４）年に寺請制度が制定されて、寺院が亡くなった人の記録（過去帳）を戸籍として管理するようになっている。その上、享保７（１７２２）年頃に檀家制度が強化されて、檀那寺《だんなでら》（過去帳を保管している寺）が自由に変更できなくなった。

こうして墓所が固定されたことにより、庶民の間でも家や一族の認識が強くなった。苗字もなく、文字を読めない人が多かった時代であるため、家の印として家紋が墓に刻まれた。庶民にとって家紋は、墓参のしるべとなったのだ。

家紋の歴史

天皇や公家によって用いられた文様が、武士の戦で区別する旗印などに使われ、やがて家紋に変化していく。時代とともに家紋も増え、室町（戦国）時代には261家紋、江戸時代の寛政年代には2190もの家紋ができあがっている。

家紋が初めて使われたのはいつ頃…

家紋の起源には諸説ある。基本的には、家紋は文様から転化したものと考えられる。文様と言えば、奈良時代や平安時代を思い出す人が多いだろうが、時代を遡《さかのぼ》れば縄文時代の土器などにも見ることができる。さらに古墳時代には、古墳の壁画や埴輪《はにわ》、銅鐸《どうたく》、銅鏡《どうきょう》などに文様が用いられている。

飛鳥時代に入り、遣隋使、遣唐使はもちろんのこと、仏教の教えとともに大陸から文化が伝わるが、多くの文様ももたらされた。この頃には紋を描いた旗が用いられていたと言われる。

その後、平安時代になると公家がこぞって衣服や調度品に文様を愛用した。さらに御所に出仕する際に利用する牛車《ぎっしゃ》が、車止まりで他の牛車と区別しやすくするために、車部分に好みの紋を描いたと言われる。

これが貴族の間で個人を表すだけでなく、**家を表す紋**として定着していく。この変遷が11世紀の頃で、この頃から文様が家紋としての役割を担うようになっていく。

その後、武家の源氏、平氏が、白旗（源氏）、赤旗（平氏）にシンボルとして文様を用いたことによって、**武家紋**として広がっていくことになる。こ

衣服の文様から家紋に転化したと言われる、久我氏の笹龍胆紋

平貞盛は、平将門の乱（承平の乱）平定の恩賞に賜った鎧に描かれていた対い蝶を家紋に用いたと言われる。平清盛は貞盛の子孫

れが武家紋の発祥とも言われる。

その後、文治5（1189）年の奥州藤原氏征討のおり、源頼朝《みなもとのよりとも》が駆けつけた佐竹四郎が白旗を用いていたため、それを咎《とが》め**「月の丸扇」**の紋を下賜し、付けることを命じている。同じ源氏流ではあるが、棟梁《とうりょう》である頼朝と同じ無紋の白旗を使用することが憚《はばか》られて、御家人が有紋の白旗を使用しているにもかかわらず、佐竹氏が無紋の白旗だったためである。この個人特定の旗印の考え方が、入り交じって戦う戦場での敵味方の区別となり、やがて一族を表す家紋に発展する。

その後、朝廷に貢献した足利尊氏《あしかがたかうじ》などに、時の天皇から菊紋や桐紋が下賜《かし》された。また、武勲をたてた家臣に紋が下賜され、家紋として多くの武士が用いるようになる。

寛正元年～文明2（1460～1470）年頃に成立した『**見聞諸家紋**《けんぶんしょかもん》』には、室町幕府8代将軍時代の将軍家、守護大名、国人層の310氏、261家紋を紹介している。このことから、いかにこの時代に多くの家紋があったかが見てとれる。

江戸時代と明治時代の家紋

室町（戦国）時代には、ほぼ家紋は完成したと言えるだろう。徳川家康が天下統一をはたし、江戸幕府を成立すると、戦がなくなったため、家紋は戦場での目印としての役目はなくなり、より儀礼的、尚美的な目的になっていく。

また、商人も家紋の使用が許されたため、さらに家紋の種類も増え、寛政年間（1789～1801年）に編纂された『**寛政重修諸家譜**《かんせいちょうしゅうしょかふ》』によると、大名、御目見以上の1114氏、2133家譜、2190の家紋が紹介されている。

明治時代に入ると、庶民も自由に苗字を名のることができ、それに伴って家紋も用いられ、さらに種類も図柄の数も増えた。着物、礼服、墓石などに使われるようになった。

江戸時代から諸大名家の家紋に用いられた桜紋。肥後熊本藩の細川氏などが用いた

家紋コラム

織《お》田《だ》信《のぶ》長《なが》

小国尾張の大名だった織田信長は、ほぼ天下統一をはたしたと言える。家臣・明智光秀によって本能寺の変で死去するも、後世に残したものは大きい。信長の家紋の変遷を見てみよう。

時代や用途によって数種類の家紋を使いわけた

織田信長は小国の尾張の大名であった。その織田信長を一躍有名にしたのが、駿河・遠江・三河国（現・静岡県、愛知県の一部）を治めている今川義元との「桶狭間《おけはざま》の戦い（1560年）」である。

永禄10（1567）年には美濃国斎藤氏を滅ぼし、室町幕府の再興に燃える足利義昭《あしかがよしあき》に供奉《ぐぶ》して、入京をはたした。信長によって室町幕府15代将軍の座についた義昭だったが、しだいに信長に離反し対立する。天正元（1573）年に義昭は京都から追放され、幕府は終焉をむかえる。

天正10（1582）年、甲斐の武田勝頼を滅ぼし、中国の毛利氏を討つために京都の本能寺に滞在。家臣の明智光秀によって討たれて、生涯を閉じる。

この織田信長の家紋の変遷を見てみよう。織田家の家紋は、木瓜の「織田木瓜紋」になる。俗説ではあるが、信長は天下を治めるのは、源氏と平氏が交互にあると考え、室町幕府の足利氏（源氏）の次に平氏がくるとして、自分の先祖は平清盛として「揚羽蝶紋」を使用している。他には足利義昭が信長に与えた「二つ引両紋」「五三の桐紋」「永楽通宝銭紋」などを用いている。

【織田木瓜】

【揚羽蝶】

【五三の桐】

【二つ引両】

【永楽通宝】

第二章

皇室・公家・武士の家紋

皇室と公家の家紋／平氏系武士の家紋／源氏系武士の家紋／藤原氏系武士の家紋／橘氏系武士の家紋／将軍家・江戸御三家の家紋

皇室と公家の家紋

天皇家の一族である皇室と天皇家の分家である宮家は、菊紋を用いる。かつて天皇に仕え、朝廷で政務にあたった公家は、花紋などの優美な意匠が多い。現在の宮家と公家の家系の家紋を見てみよう。

植物を用いた優美な紋が多い

天皇家は、**「十六弁八重表菊紋」**を家紋としている。これは大正15年に制定された皇室儀制令に定められており、天皇家の独占紋と言っても過言ではない。現在の皇室は、直系の天皇家が十六弁八重表菊紋を、有栖川宮は**「三つ横見菊紋」**を、高松宮や三笠宮は小型の**「十四弁八重表菊紋」**を中央に、周囲に**「横見菊紋」**を配置した紋を使用している。

常陸宮、高円宮、桂宮、秋篠宮も同じく、中央に小型の**「十四弁八重表菊紋」**を配し、周囲に茎や葉をあしらった紋を用いている。

現在の宮家の他に、室町時代に始まる伏見宮家、江戸時代から存続する閑院宮や久邇宮家、東伏見宮家、北白川宮家、竹田宮家などの旧宮家がある。これらは戦後に皇統から離れた宮家で、現在も存在する。

平安時代に花開いた貴族中心の社会から、公家家系が成立する。公家系で中心となっているのは、藤原北家と呼ばれる藤原房前を祖とする一族である。摂関政治の隆盛を築いた藤原道長は、この藤原北家出身である。藤原北家の係累には一条家、二条家、九条家、近衛家、鷹司家の摂政、関白に就任できる、最高位の公家の**五摂家**がある。

他には太政大臣などに就任できる**清華《せいが》家**（三条家、徳大寺家など）、大臣に就任できる**大臣《だいじん》家**（嵯峨家、三条西家など）、大納言、少納言などに就任できる**羽林《うりん》家**（姉小路家、冷泉家など）、学問など専門知識で朝廷に仕える**名家《めいけ》**（勧修寺《かじゅうじ》家、万里小路《までのこうじ》家、日野家、烏丸家、柳原家など）が、公家の家系になる。

連翹
【嵯峨家】

二条下がり藤／P62
【二条家】

菊紋
【桂宮家】

菊紋
【有栖川宮家】

片喰／P118
【冷泉家】

一条下がり藤／P62
【一条家】

菊紋
【秋篠宮家】

菊紋
【高松宮家】

連翹
【姉小路家】

徳大寺木瓜
【徳大寺家】

近衛牡丹／P73
【近衛家】

菊紋
【三笠宮家】

鶴ノ丸／P153
【日野家、烏丸家、柳原家】

三条唐花／P242
【三条家】

鷹司牡丹／P73
【鷹司家】

菊紋
【常陸宮家】

勧修寺笹／P121
【勧修寺家、万里小路家】

八つ丁字車
【三条西家】

九条下がり藤／P62
【九条家】

菊紋
【高円宮家】

平氏系武士の家紋

平氏は、桓武天皇を祖とする一族である。武士平家は、伊勢や関東地方を本拠に武士団を形成した。平安末期に誕生した院政で平正盛、忠盛、清盛などの一族が白河、鳥羽院に接近して武家社会の覇権を制した。

貴族的な紋から尚武的な紋への時代の移行が見られる

桓武平氏《かんむへいし》一族の祖は、平安京を築き上げた桓武天皇の四人の子（葛原親王《かつらばらしんのう》、万多親王、仲野親王、賀陽親王）になる。中でも武家平氏の系譜は、葛原親王の孫の高望王《たかもちおう》の長子である、平国香《たいらのくにか》の家系が有名である。この系譜は、平清盛と正室の平時子などを排出している。清盛の一族は伊勢平氏と呼ばれ、家紋は**「揚羽蝶」**である。

他にも平国香の孫に当たる平維将《たいらのこれまさ》の子孫で、室町幕府の幕臣であった伊勢氏の傍流に、戦国時代に伊豆・相模地方を平定した伊勢盛時（北条早雲・後北条氏の祖）がいる。北条、後北条氏の家紋は、**「三つ鱗」**である。

高望王の子には平国香の他に、良兼、良将、良文がおり、それぞれ国司として赴いた関東の地で武士団を形成した。この子孫が三浦氏**（丸に三つ引両）**、土肥氏**（左三つ巴）**、秩父氏**（三つ花菱）**、千葉氏**（月星）**、相馬氏**（繋ぎ馬）**である。秩父氏の末流で、奥州で勢力を拡大した葛西氏は**「三つ柏」**を用いる。また、平貞衡の子孫が**「萩紋」**を用いる。

越後の虎と言われた戦国大名の上杉謙信（長尾景虎）を排出した越後長尾氏は、鎌倉に本拠を置いた桓武平氏一族の長尾氏である。他に白井長尾氏、総社長尾氏、足利長尾氏の系統があり、みな**「九曜巴紋」**を用いる。この他にも熊谷氏**（熊谷鳩に寓生）**、椎名氏**（蔦、沢瀉紋）**、宗氏**（丸に平四つ目）**、戸沢氏**（九曜、戸の字）**、鳥居氏**（鳥居笹、鳥居）**、岩城氏**（連子に月、丸の内に一つ引両）**などが、桓武平家系の武士にあたる。

鳥居笹／P121
【鳥居氏】

蔦／P100
【椎名氏】

繋ぎ馬／P169
【相馬氏】

三つ鱗／P257
【北条氏】

鳥居／P231
【鳥居氏】

沢瀉／P66
【越中椎名氏】

三つ柏／P112
【葛西氏】

北条鱗／P257
【後北条氏】

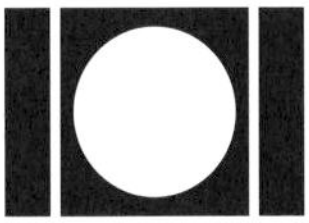
連子に月／P43
【岩城氏】

丸に平四つ目／P262
【宗氏】

萩紋／P133
【平貞衡流】

揚羽蝶／P163
【平清盛】

丸の内に一つ引両／P259
【岩城氏】

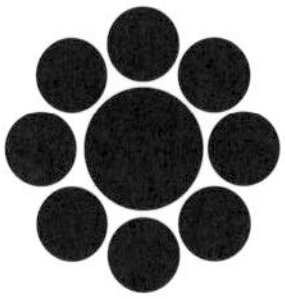
九曜／P45
【戸沢氏】

九曜巴／P251
【長尾氏】

丸に三つ引両／P259
【三浦氏】

三つ花菱／P247
【秩父氏】

戸の字／P267
【戸沢氏】

熊谷鳩に寓生／P152
【熊谷氏】

月星／P45
【千葉氏】

源氏系武士の家紋

清和天皇、村上天皇、嵯峨天皇、宇多天皇などの天皇を祖とする源氏。それぞれの家系の祖にあたる天皇名を上に冠し、清和源氏、村上源氏と分けられる。一族には尚武的な紋が多い。

尚武的な家紋が多い武士の家系

源氏とひと言にいっても、祖にあたる天皇によって血流が分岐している**16流の源氏**がある。中でも代表的なのが、清和《せいわ》天皇の血流である**清和源氏**、村上天皇の血流である**村上源氏**、嵯峨《さが》天皇の血流である**嵯峨源氏**、宇多《うだ》天皇の血流である**宇多源氏**の4流である。源氏姓は、皇室と流れを同じくするという意味が含まれているという。

この4流の源氏の中でも、清和源氏は征夷大将軍に就任する資格を持つ血統とされる。『寛政重修諸家譜《かんせいちょうしゅうしょかふ》』に清和源氏の家系は、義家流、義親流、義忠流、為義流、義時流、義隆流、義綱流、義光流、頼清流、頼季流、頼任流、頼光流、頼親流、満政流、満快流の15流が載っている。

この清和源氏の代表紋が、鎌倉幕府を築いた源《みなもとの》頼朝《よりとも》が用いていたとも言われる**「笹龍胆紋」**である。清和源氏の中でも源頼光流の家が多く用いている。また、同じく頼光流である土岐氏は**「桔梗紋」**、浅野氏は**「丸に違い鷹の羽」**、池田氏は**「揚羽蝶」**、佐竹氏は**「月の丸扇」**を用いている。

義家流で室町幕府を築いた足利氏は**「二つ引両」**、新田氏は**「大中黒」**、義光流の武田氏は**「四つ割菱」**、小笠原氏は**「三階菱」**、頼清流の村上氏は**「丸に上文字」**、満政流の水野氏は**「水野沢瀉」**とある。義家流傍流にあたる森氏は、**「鶴紋」**を用いる。

村上源氏は久我氏**（笹龍胆）**、宇多源氏は佐々木氏**（平四つ目結）**、尼子氏**（平四つ目結）**、黒田氏**（黒餅）**、嵯峨源氏は渡辺氏**（三星一文字・渡辺星）**、松浦氏**（三つ星）**などが代表的な家系である。

平四つ目／P262
【尼子氏】

水野沢瀉／P66
【水野氏】

足利二つ引両／P259
【足利氏】

笹龍胆／80
【源頼朝】

黒餅
【黒田氏】

鶴の丸／P153
【森氏】

大中黒／P259
【新田氏】

桔梗／P69
【土岐氏】

三星一文字（渡辺星）／P45
【渡辺氏】

笹龍胆／80
【久我氏】

四つ割菱／P245
【武田氏】

丸に違い鷹の羽／P149
【浅野氏】

三つ星／P45
【松浦氏】

丸に一つ鷹の羽／P148
【源義家流】

三階菱／P245
【小笠原氏】

揚羽蝶／P163
【池田氏】

対い鶴／P153
【奥州石川氏】

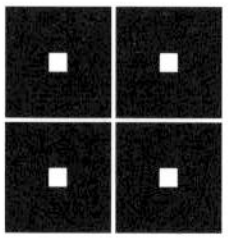
平四つ目結／P262
【佐々木氏】

丸に上文字／P267
【村上氏】

月の丸扇／P183
【佐竹氏】

藤原氏系武士の家紋

日本に数ある氏姓の中でも四大氏姓の一つとされるほど、分布数の多い藤原氏族。公家の藤原氏から始まり、各地に仕事などで赴任した一族が、治める地名と藤をあわせた名字を形成し、武士団を築いて広がった。

貴族出身家系だが尚武的な動物紋、天文紋が多い

藤原鎌足《ふじわらのかまたり》を祖とした藤原氏の中でも、国司などで地方へ赴任した藤原氏が武士団を形成したのが藤原氏系武士である。この家系には、兼通流、道兼流、頼道流、長家流、良門流、利仁流、秀郷流、為憲流の系譜がある。

藤原氏系武士は、藤の前に赴任地の地名をつけた氏姓を名乗った家が多い。例えば伊勢の藤原氏は「伊藤」、遠江の藤原氏は「遠藤」などである。戦国時代に美濃（岐阜県）を治めた斎藤氏**（撫子）**や加藤氏**（蛇の目）**、工藤氏**（庵に木瓜）**などがある。

平安時代に奥州を拠点にした奥州藤原氏は藤原秀郷流、南北朝時代に九州を治めた菊池氏は藤原隆家の末裔、徳川家康の重臣であった本多忠勝、本多正信などの本多氏は藤原兼通流である。九州の肥後国（熊本県）を治めていた菊池一族は**「並び鷹の羽」**、本多氏は**「本多立ち葵」**が家紋である。

この他の藤原系の武将は北陸や関東では、室町幕府の関東管領家の上杉氏**（上杉笹）**や、室町時代に北陸を治めた富樫氏**（八曜）**がある。東北では戦国時代に奥州を制した伊達氏**（丸に竪三つ引両）**、豊臣秀吉が奥州の抑えに派遣した蒲生氏**（対い鶴）**がある。中国地方や四国では安芸（広島県）と石見（島根県）を支配した吉川氏**（丸に三つ引両）**、土佐藩主となった山内氏**（丸に土佐柏）**がある。

九州地方に割拠した武将では、南北朝時代に勢力を伸ばした少弐氏**（隅立て四つ目）**、戦国大名の龍造寺氏**（日足）**、大友氏**（大友杏葉）**、肥前有馬氏**（五瓜に唐花）**、大村氏**（大村日足）**などがある。

五つ木瓜（五瓜に唐花）／P249
【肥前有馬氏】

丸に三つ引両／P259
【吉川氏】

本多立ち葵／P98
【本多氏】

源氏車紋
【秀郷流佐藤氏】

大村日足／P42
【大村氏】

丸に土佐柏／P112
【山内氏】

上杉笹／P121
【関東管領上杉氏】

並び鷹の羽／P149
【菊池氏】

左三つ巴／P251
【結城氏】

隅立て四つ目／P262
【少弐氏】

八曜／P45
【富樫氏】

撫子／P87
【美濃・斎藤氏】

右二つ巴／P251
【小山氏】

龍造寺日足
【龍造寺氏】

丸に竪三つ引両／P259
【伊達氏】

蛇の目／P181
【加藤氏】

一に六瓜に六弁唐花
【奥州小野寺氏】

大友杏葉／P202
【大友氏】

蒲生対い鶴／P153
【蒲生氏】

庵に木瓜／P195
【工藤氏】

橘氏系武士の家紋

元明女帝に仕えた県犬養三千代が「橘姓」を賜り、子の葛城王が橘諸兄を名のったことが始まりの橘氏。橘の家紋は、聖武天皇より賜ったと言う。しかし家紋が橘であっても、橘氏の系譜を持たない武家もある。

皇族を祖とし、氏姓と家紋を天皇より賜る

橘氏は、奈良時代の女帝・元明《げんめい》天皇に仕えた**県《あがた》犬養三千代《いぬかいのみちよ》**の美しさをたたえて、**「橘姓」**を下賜《かし》したことが由来である。

県犬養三千代は敏達《びだつ》天皇の曾孫(玄孫の説もあり)の美努王《みぬおう》との間に、葛城王《かつらぎのおおきみ》をもうけた。この葛城王が橘の姓を名乗り、橘諸兄《たちばなのもろえ》と名を改めて臣下として仕えたことが橘氏の始まりである。

諸兄は、異父妹の光明子が聖武天皇の后となったことと、権力を握っていた藤原不比等の息子たちが相次ぎ亡くなったことで、朝廷の実権を握った人物である。光明子皇后との縁から、聖武天皇より**「橘紋」**を賜っている。

橘氏の家系は、大納言となった橘好古《たちばなのよしふる》一族である橘公業《たちばなのきみなり》が源頼朝に仕え、奥州征伐で戦功をあげた。その時に出羽国小鹿島の地頭職を賜り、小鹿島氏と名のる。その小鹿島氏の末裔に矢内氏と、肥前国(熊本県)に移り住んだ渋江氏がある。さらに渋江氏の分家で牛島氏、中村氏、中橋氏がある。

他には伊予国(愛媛県)の国司であった橘清正が、新井氏、高市氏、矢野氏などに橘姓を授けている。

また、南北朝時代に活躍した楠木正成は、橘奈良麻呂の後裔と言われる。楠木氏から分かれた楠瀬氏、大饗氏、甲斐庄氏などが橘氏を名のっている。

室町時代の家紋帳『見聞諸《けんぶんしょ》家紋』に、楠氏、和田氏、丹下氏、讃岐長尾氏、薬師寺氏、矢野氏が橘氏姓と載る。しかし、前述の橘氏でも橘紋を用いている家は少なく、逆に橘紋を用いている家(井伊氏、黒田氏など)が橘氏の系譜ということはない。

丸に橘／P64
【宇佐美氏】

総巻
【丹下氏】

庵に久文字／P195
【讃岐長尾氏・南家】

橘／P64
【橘諸兄、渋江氏、中村氏】

井桁に橘／P65
【井伊氏】

黒田橘／P65
【黒田氏】

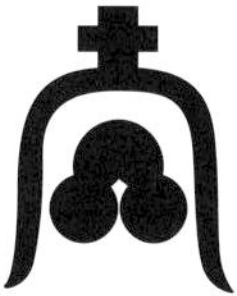
庵に洲浜
【讃岐長尾氏・北家】

薬師寺橘／P64
【薬師寺氏】

橘に藤巴／P64
【小寺氏】

橘菱／P65
【南部藩宮部氏】

丸に四つ石／P261
【矢野氏】

菊水／P58
【楠氏、楠瀬氏】

橘氏が家紋に用いている橘は、ミカン科の一種の植物である。『古事記』によると垂仁天皇が、多遅麻毛理に探し求めさせたのが橘の果実になる。写真は橘に似たミカン科の花になる

将軍家・江戸御三家の家紋

武家社会が成熟し、武士による最初の政権政府であった鎌倉幕府を築いた源将軍家、その後に成立した室町幕府の足利将軍家、260年続いた江戸幕府を築いた徳川家とその一族の家紋を紹介する。

将軍家は植物紋が多く、徳川一族は宗家の変化紋を用いる

清和《せいわ》源氏の流れを汲む源氏の棟梁であった**源頼《みなもとのより》朝《とも》**が朝廷を討伐し、天皇より**征夷大将軍**という地位を賜った。これにより、頼朝は鎌倉を拠点に武士が政治を行う鎌倉幕府を打ち立て、皇族と公家によって国を治めていた公家社会から武家社会へと政権がシフトした。

この鎌倉幕府将軍家・源氏の家紋は**「笹龍胆」**とも言われ、三代将軍以降、政府実権を握った執権家・北条氏は**「三つ鱗」**である。

鎌倉幕府を倒幕して、京を拠点にした新たな政府を打ち立てたのが、足利尊氏《あしかがたかうじ》である。足利氏は、もとは鎌倉将軍宗家の臣下であった。宗家に遠慮して、陣幕に二本線を引いたことが、後に家紋の**「二つ引両」**になったという。将軍の補佐をした執事の高氏は**「花輪違い」**、関東の押さえであった関東管領家の上杉氏は**「上杉笹」**、三管領の斯波氏、畠山氏は**「二つ引両」**、細川氏は江戸時代から**「細川九曜」**を用いている。

室町将軍家の継承問題から応仁の乱に発展し、戦国時代といわれる群雄割拠の時代を制して新たな政府・江戸幕府を打ち立てた徳川家は、**「徳川葵」**と呼ばれる葵紋を用いている。これは賀茂神社の神紋である葵紋を変化させたものである。江戸幕府成立以降は徳川家の独占紋とされ、一族以外の使用が禁じられた。

将軍職の継承家とされた水戸家、尾張家、紀州家の御三家と一橋家、田安家、清水家の御三卿は、宗家の葵紋の変化紋を用いている。

水戸三つ葵／P99
【御三家・水戸家】

徳川葵／P99
【徳川将軍家】

足利二つ引両／P259
【室町将軍家・足利氏】

笹龍胆／P80
【鎌倉将軍家・源氏】

紀州三つ葵／P99
【御三家・紀州家】

三葉葵
【初代~3代・家康、秀忠、家光】

花輪違い／P255
【執事・高氏】

九条下がり藤／P62
【鎌倉4代将軍・頼経】

三葉葵
【御三卿・田安家】

三葉葵
【8代・吉宗】

細川九曜／P45
【管領・細川氏】

十六菊／P56
【鎌倉6代将軍・宗尊親王】

三葉葵
【御三卿・一橋家】

隅切り鉄砲角三つ葵
【12代・家慶】

二つ引両／P258
【管領・斯波氏】

三つ鱗／P257
【鎌倉執権家・北条氏】

三葉葵
【御三卿・清水家】

尾張三つ葵／P99
【御三家・尾張家】

二つ引両／P258
【管領・畠山氏】

村濃
【2代将軍後見人・畠山氏】

家紋の史料解説

本書の第三章からの分類した家紋ページを読んでいくうえで、知識として知っていただきたいのが、本書で参考にした史料名と内容（どのような史料なのか）である。家紋を紹介のうえで、重要な史料なので覚えておきたい。

古事記《こじき》／日本最古の歴史書。和銅５（７１２）年献上。日本創生の神々や天皇系譜などを記載。

日本書紀《にほんしょき》／奈良時代の歴史書。全30巻、系図１巻で構成。養老４（７２０）年に完成。

万葉集《まんようしゅう》／７６０年前後の編纂。仁徳天皇の時代から奈良時代までの歌人の和歌が収録されている。全20巻、約４５００種。

源氏《げんじ》**物語**／平安時代中期に成立。主に源氏を紹介した長編物語。

紫式部日記《むらさきしきぶにっき》／寛弘７（１０１０）年に完成と言われる。宮中での生活を紫式部が記録したもの。

大要抄《たいようしょう》／建保・承久年間（１２１３〜１２２１年）に成立。公家が使用した車紋の紹介が載る。

平家《へいけ》**物語**／鎌倉時代に成立。平家の栄枯盛衰を描いた軍記物語。

太平記《たいへいき》／鎌倉幕府崩壊から約50年間の軍記物語。全国の諸将の軍旗に描かれた紋が載る。

羽継原《はねつくはら》**合戦記**／永享７（１４３５）年に足利持氏が佐々木氏一族の常陸国・遠江国守護義政の追討に参加した１２０の諸将の家紋を紹介したもの。

見聞諸《けんぶんしょ》**家紋**／寛正元〜文明２（１４６０〜１４７０）年頃に成立。室町幕府８代将軍時代の将軍家、守護大名、国人層の家紋３１０氏、２６１紋を紹介した最古の家紋帳。

塵添壒嚢鈔《じんてんあいのうしょう》／天文元（１５３２）年成立。編者不詳。事物の起源、語源、語義などを問答体で解説。

阿波国旗下幕紋控《あわのくにきかまくもんひかえ》／元亀年間（１５７０〜１５７２年）に阿波国（現・徳島県）の三好氏幕下の諸氏が使用した家紋を紹介。

和漢三才図会《わかんさんさいずえ》／正徳３（１７１３）年頃に完成。天、人、地の三才に分類した挿し絵入り百科事典。

寛政重修諸家譜《かんせいちょうしゅうしょかふ》／寛政年間（１７８９〜１８０１年）に編纂。文化９（１８１２）年に完成。大名、御目見以上の１１１４氏、２１３３家譜、２１９０の家紋が紹介されている家系譜。

雪華図説《せっかずせつ》／天保３（１８３２）年に刊行。土井利位が研究した雪の結晶86種を収録。

第三章
天文紋・地文紋

日足紋／月紋／月星紋／稲妻紋・雷紋／雲紋／山紋・山形紋・霞紋／浪紋・青海波紋・渦巻紋／雪紋

天文紋・地文紋とは…

私たちの身の回りに起きる自然現象、もしくは身近にある自然を古くから崇拝し、信仰し、生活の一部としてきた。やがてそれらを文様に用い、装飾や調度品などに取り入れ、家紋に変化していく。

自然現象を象ったのが天文紋と地紋

「天文紋・地文紋」とは、森羅万象、つまり、自然現象を象った文様で、天地と気象を図案化したものである。この天文紋と地紋は、古くから信仰によるものが多い。

鍋島藩（佐賀県）の藩主・鍋島氏が用いた鍋島日足。杏葉紋とともに用いていた

日足《ひあし》紋は太陽信仰からくるもので、太陽のエネルギーや生命の象徴を家紋に図案化したものという。**月**は欠けても、また満ちることから不老不死を表現するとされ、やはり古くから信仰の対象になっている。戦国の武将が兜《かぶと》の前立てに三日月を用いるのも、不老不死からきている。

月星《つきほし》紋は、月と星の組み合わせか、星のみを図案化したもので、仏教の妙見菩薩を信仰する妙見信仰（北辰妙見菩薩とも言う。中国の星宿思想が仏教と合わさって生まれた信仰。北極星を宇宙を統べる天帝として祀った）、北極星と北斗七星を崇拝する星辰信仰《せいしんしんこう》（星を神秘的な霊力が宿るものとして崇拝する信仰）からきている。月星紋を代表する九曜《くよう》は、中心に一つ

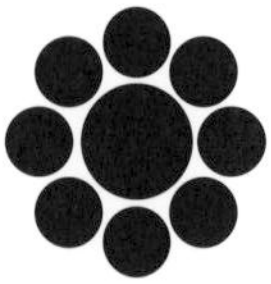

星辰信仰から生まれた九曜紋。戦国時代の奥州の覇者・伊達政宗が三日月を兜の前立てに、九曜を替紋としていた。また豊前・肥後の藩主・細川氏が用いた「細川九曜」が有名

の星を置き、8個の星で囲む。曜とは星の輝きを形に表し、天地四方を守る神仏で表現される。日曜（千手観音《せんじゅかんのん》）、月曜（勢至菩薩《せいしぼさつ》）、火曜（虚空蔵菩薩《こくぞうぼさつ》）、水曜（弥勒菩薩《みろくぼさつ》）、木曜（薬師如来《やくしにょらい》）、金曜（阿弥陀如来《あみだにょらい》）、土曜（聖観音《しょうかんのん》）の七曜星に、羅睺《らご》（不動明王《ふどうみょうおう》）、計都《けと》（釈迦如来《しゃかにょらい》）の二星を、加えたものになる。

稲妻《いなづま》紋・**雷《かみなり》紋**は、〝いなびかり〟を幾何学的に表現した紋になる。豊作をもたらす雨を降らせる前兆として信仰されていた。**雲《くも》紋**は、やはり豊作をもたらす雨を呼ぶ雲を図案化したもの。また、仏教では神の乗り物と崇拝されている。

古くから霊山、霊峰と言われる山は、御神体として篤く祀られている。富士山、出羽三山、三輪山、熊野三山などが知られている。**山紋**は、御神体とされる山を図案化したもの。特に富士山と霞《かすみ》を図案化した、富士山形が知られる。

山裾に霞がかかった富士山を図案化した「富士山形」

山形紋は、山の形象を幾何学図形化したものになる。**霞紋**は、山に帯状にかかる雲のような霞を図案化したものだ。

古くから水神とされる浪《なみ》（波）を図案化した、**浪紋**、**青海波《せいがいは》紋**、**渦巻《うずまき》紋**。浪の形状を写実的に表現したものが多く、まるで浮世絵のようで見ていて楽しい家紋の一つである。

うち寄せる浪を図案化した「浪紋」。右はスーパースロー画像を見ているような躍動感がある逆浪紋

雪の多い地方では、雪が人の生活を不便なものにする。その反面、豊作をもたらしてくれた。栄養豊富な雪解け水が、農作物を育んでくれたのだ。**雪《ゆき》紋**はそんな雪の結晶を図案化したものである。現在、使用家は少ないものの、見事なまでの雪の結晶の図案が、江戸時代にできたかと思うと感嘆するばかりである。

雪の結晶を図案化した「雪紋」。風花という雪の別名がしっくりくる華やかな図柄である。左の紋は山雪

日足紋

太陽信仰からくる日足紋。農作物などを育ててくれる太陽は、古くからエネルギーや生命の象徴である。森羅万象を代表する太陽のエネルギーを図案化した家紋を見てみよう。

太陽のエネルギーを表し、戦国武将が用いた

日足《ひあし》とは太陽のことである。太陽は植物や農作物を育ててくれ、古くから信仰の対象であった。日足は太陽を表す円を中心に置き、日光を表す放射状の光線を描き、太陽のエネルギーを表現しているとされるが定かではない。

戦国時代の武将が好んでこの日足紋を用いている。なかでも肥前（佐賀県と長崎県）の龍造寺《りゅうぞうじ》氏が、光線が12本の**「十二日足」**を、龍造寺氏の領地を引き継いだ鍋島氏が、やはり十二日足を**「鍋島日足」**と称して用いている。さらに備中（岡山県）の木下氏が、中央の円が巴になっている**「木下日足」**を、肥前の大村氏が28本もの光線を持つ**「大村日足」**を使用している。

【六つ日足】

【鍋島日足】

【大村日足】

【七つ日足】

【木下日足】

【旭 光】

【八つ日足】

【変わり十二日足】

【尖り十六日足】

月紋

月の満ち欠けする神秘性は、不老不死を表現すると言われ、古くから信仰の対象である。森羅万象を代表する月の家紋は、尚美的意義と信仰意義から多くの武将たちが採用した。

多くの武将たちが家紋として用いた月紋

月の満ち欠けは神秘的なものとして、古くから信仰の対象であった。不老不死を表現するとして、戦国時代の武士が兜《かぶと》の前立に付けていた。中でも伊達政宗《だてまさむね》の三日月の前立が有名である。

家紋としては表現しやすい三日月と満月が多く、それらを雲や霞《かすみ》、水、連子《れんじ》などと組み合わせたものもある。三日月紋は藤原氏為憲流の天野氏、桓武平氏の千葉氏族の臼井氏などが用いている。

武蔵七党の紀姓丹党とその血縁は、満月を用いた家紋が多く、中山氏、黒田氏、岩田氏、多治見氏、大田原氏などになる。他には、連子と月を組み合わせた**「連子に月」**を桓武《かんむ》平氏繁盛流（維茂流の説もあり）の岩城氏などが使用している。

【三日月】

【月に雲】

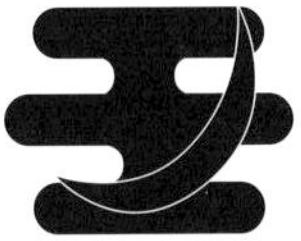
【三日月に霞】

【繋ぎ月】

【三日月に雲】

【大関朧月】

【陰月】

【月に水】

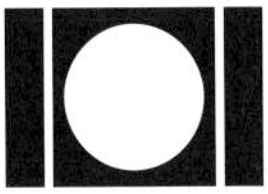
【連子に月】

月星紋

月と星、もしくは星のみを図案化した家紋。仏教の妙見菩薩を信仰する妙見信仰、北極星と北斗七星を崇拝する北辰信仰などによって神格化され、家紋に用いられた月星。

千葉氏はじめ、多くの幕臣が用いた家紋の一つ

月星《つきぼし》とは名のごとく月と星を表す。古来より、月の満ち欠けに人々は驚き、不老不死を見ていた。月は古くからの信仰の対象であった。陰暦の八月十五夜と九月十三夜の月を観賞する〝月見〟は、今なお残る信仰行事の一つだろう。

空気が澄みきっていた時代の夜空は、満天の星で光り輝いていたことだろう。星や流れ星は古くから信仰の対象であった。昔の人は、北斗七星で季節を知り、時刻を測った。船乗りは航路を知った。そんな北斗七星は**七曜**と言う。

古代インドでは占いに、中心に一つの星を置き、周囲を8個の星を配した九曜を用いた。九曜とは日月火水木金土の七曜星に、羅睺《らご》、計都《けと》の二星を加えたもの。曜とは星の輝きを形に表したもので、天地四方を守る神仏として信仰された。日曜（千手《せんじゅ》観音《かんのん》）、月曜（勢至菩薩《せいしぼさつ》）、火曜（虚空蔵菩薩《こくうぞうぼさつ》）、水曜（弥勒菩薩《みろくぼさつ》）、木曜（薬師如来《やくしにょらい》）、金曜（阿弥陀如来《あみだにょらい》）、土曜（聖観音《しょうかんのん》）、羅睺（不動明王《ふどうみょうおう》）、計都（釈迦《しゃか》如来《にょらい》）になる。

図柄は、三日月に星を組む。月に北斗七星を組み合わせたものもある。星紋は円形に配したものが多く、**六曜**、**八曜**、**九曜**が多く見られる。他にはオリオン三星を表す三つ星、四つ星、文字との組み合わせなどがある。使用家は桓武《かんむ》平氏良文流の千葉氏、近江（滋賀県）の遠藤氏が月星紋を、毛利氏が**一文字三星**、**三星一文字**を渡辺氏、**九曜紋**を遠藤氏、伊東氏、相馬氏、伊達氏など多くの幕臣が用いている。

【中輪に八曜に巴】

【三つ星】

【月に北斗七星】

【月に星】

【八曜に月】

【松浦星】

【糸輪に北斗星】

【真向き月に星】

【九つ星車】

【繋ぎ剣三つ星】

【八曜】

【右向き陰日向月星】

【割り九曜】

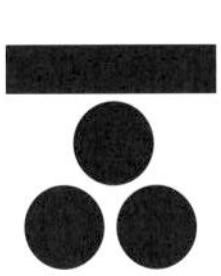
【府中三つ星】

【九曜】

【三つ寄せ月星】

【雪輪に九曜】

【三星一文字／渡辺星】

【細川九曜】

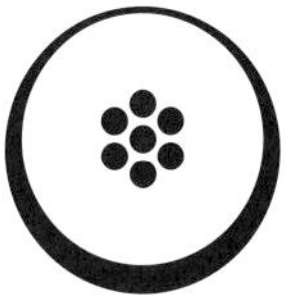
【月輪に豆七曜】

稲妻紋・雷紋

"いなびかり"は、古代では龍に似ているとして恐れられていたが、反面、豊作をもたらす雨を降らせる前兆として信仰されていた稲妻。その稲妻を渦巻き状に図案化したのが稲妻紋である。

いなびかりを幾何学的に表現した稲妻《いなづま》紋

稲妻とは、雷《かみなり》が鳴る時、空中で起きる"いなびかり"のことである。古くから稲妻は形が龍に似ているとして恐れられていたが、豊作をもたらす雨を降らせる前兆として、自然崇拝の対象であった。

稲妻紋の図柄は、いなびかりを幾何学的に表現した直線状の渦巻きで、四角形の平稲妻、隅立てが基本となる。他には丸で囲んだもの、菱の形をしたもの、**五角稲妻**、**三階稲妻菱**、**電光付き四つ稲妻**などがある。

使用家は公家の山科家、織田信長から武功で与えられた備中（岡山県）岡田藩の伊東氏、内田氏、桓武平氏維将流の伊勢氏、藤原坊城流の竹田氏などが用いている。

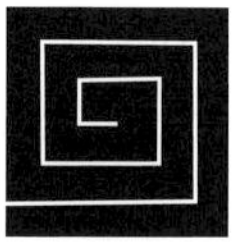

【平稲妻】

【隅合わせ三つ稲妻】

【電光稲妻】

【隅立て稲妻】

【六つ稲妻菱】

【稲妻鶴】

【三階稲妻菱】

【中輪に隅立て稲妻】

【電光付き四つ稲妻】

雲紋

古くから雲は雨を呼び農作物の豊作をもたらすものとして、また、神の乗り物として崇拝されてきた。雲紋は一つ雲、丸に雲、瑞雲、東寺雲、三つ雲巴などが代表になる。

農作物の豊作をもたらす雲を紋にした

雲は様々な形に千変万化し、時には太陽を覆い、月を隠してしまう。そんな雲は荒ぶるものを表現したり、神の乗り物であると考えられてきた。また、農作物に恵の雨をもたらすとして、古から信仰の対象でもあった。

雲紋は必ず雲が渦巻く様子が表現されている。また、他の紋との組み合わせが見られる。**「雲に一文字」「雲菱の内に雁金」「雲に御幣」**が代表である。

さらに雲紋は、寺紋としてよく見られる。京都の東寺（教王護国寺《きょうおうごこくじ》）の**「東寺雲」**や、埼玉県大宮の氷川神社の雲紋が有名である。

雲紋の使用家としては、雲に一文字の榊原氏などがある。

【一つ雲】

【東寺雲】

【雲に一文字】

【丸に雲】

【瑞 雲】

【三つ雲巴】

【埼玉・氷川神社】

【雲菱の内に雁金】

【雲に御幣】

山紋・山形紋・霞紋

証券会社などの社章に用いられる山形紋。古くから御神体として祀られていた山を図案化した山紋。山と関連する霞を図案化した霞紋。身近なものと神々しい森羅万象を家紋にした代表的なものである。

御神体として祀る山を図案化した紋

古くから霊峰と言われ、御神体として祀られている富士山。富士山と霞《かすみ》を図案化したのが、**「富士山形」**や**「変わり富士霞」**である。また、山を上から眺め、丸に納めたのが**「三つ入り山」**、**「五つ山」**である。

山形紋は、山の形象を幾何学図形化したもので、文様を組み合わせたものになる。図柄は**山形**、**花山形**、**違い山形**、**山文字丸**などがある。

霞《かすみ》紋は、春の朝方などに遠方にある山などの前面に帯状にかかる雲のように見える霞を図案化したもの。**霞**、**中輪に総覗き霞**、**春霞**が代表になる。

山紋の富士山に霞を池原氏が、山形紋は山角氏、林田氏が、霞紋は能の家元である喜多氏が用いる。

【富士山形】

【三つ遠山】

【五つ山】

【変わり富士霞】

【三つ山】

【山に霞】

【丸に富士山に帆掛船】

【三つ入り山】

【丸に遠山】

【糸輪に山道】

【三つ組み合い山形】

【花山形】

【山形】

【霞】

【頭合わせ三つ山形】

【横違い山形】

【違い山形】

【春霞】

【三つ盛り山形】

【上下組み合い山形】

【丸に違い山形】

【石持ち地抜き霞】

【五角山形】

【組み山形菱】

【入り山形】

【中輪に総覗き霞】

【組み合い変わり山形】

【対かい花山形】

【差金違い山形】

浪紋・青海波紋・渦巻紋

水神とされていた浪や、押し寄せる波や渦巻などを図案化した浪紋、青海波紋、渦巻紋。舞楽や能、調度品に用いられた。現在は、海産物の包装紙などにも使われている。

浪《なみ》の変化を図案化した、見事なまでの紋

古くから水神とされる浪は、さまざまな形状を見せるが、家紋では立浪や波で丸を作った**荒浪**、**逆浪**、**青山浪**など、丸の中に浪を入れた**松田浪**、**浪と兎**を合わせたものが代表になる。この**浪紋**は、戦国時代に名を馳せた美濃《みの》（岐阜県）の斎藤道三《さいとうどうさん》が**「二頭立浪紋」**を用いていたことが知られている。

青海波《せいがいは》は、次々と押し寄せる波を図案化したもの。舞楽の「青海波」の舞人は、青海の波と千鳥模様の装束で舞った。

渦巻《うずまき》とは、水流が渦を巻くことで、それを模様にしたのが**渦巻紋**である。巴に似ているが、一周以上巻いているのが渦巻になる。家紋としてはさほど発達せず、能衣装や調度品に用いられている。

【一つ浪巴】

【浪に巴】

【三つ割り浪】

【一つ浪巴】

【三つ浪巴】

【追いうけ浪】

【浪巴】

【三つ浪巴】

【白浪】

【松田浪】

【浪に千鳥】

【青山浪】

【荒浪】

【丸に青海波】

【浪に燕】

【今熊野浪】

【糸輪に荒浪の丸】

【細菱に覗き青海波】

【立浪】

【おつり浪】

【荒浪の丸】

【青海波輪】

【二頭浪】

【浪の兎】

【逆浪】

【渦巻浪】

【二頭立浪・道三浪】

【立ち浪に兎】

【小栗浪】

雪紋

古くは豊年の兆候とされた雪。生活に密着していた雪も、結晶が江戸時代に紹介されたことによって、雪紋の図案も雪輪や外雪輪から結晶を図案化された複雑なものが数多く誕生する。

雪の結晶を図案化したきれいな形状

古くは雪が多く積もれば、その年は豊作と言われていた。雪解け水が川に栄養をもたらし、その水で稲を中心とした農産物が作られていた。

江戸時代の天保6～13（1835～1842）年頃、越後（新潟県）の文人・鈴木牧之《ぼくし》が『北越雪譜《ほくえつせっぷ》』で、同年代に下総国古河《こが》（茨城県）の藩主・土井利位《としつら》が『雪華図説』で雪の結晶を絵で紹介している。そのことによって雪紋の種類が増えた。

雪紋は、雪の結晶を図案化したものだが、もとは雪輪、外雪輪が主流で、次に雪輪の中に薄《すすき》、五三桐、四つ目菱などを入れた紋が登場する。次に初雪、吹雪、春雪、氷柱雪、山雪などの紋が増えた。仙台藩の伊達氏が**「雪輪に薄」**を用いていた。

【雪】

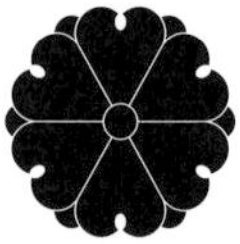
【吹雪】

【山雪】

【初雪】

【春雪】

【矢雪】

【雪菱】

【春風雪】

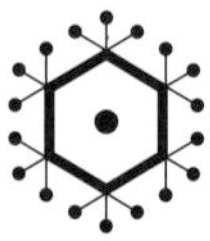
【氷柱雪】

第四章

花紋

菊紋／菊水紋／桐紋／藤紋／橘紋／沢瀉紋／桔梗紋／牡丹紋／梅紋・梅鉢紋／桜紋／龍胆紋／杜若紋／山吹紋／朝顔紋・夕顔紋／鉄線紋／撫子・石竹紋／水仙紋／蘭紋／椿紋・菫紋・薺紋

花紋とは…

花紋は植物紋の中でも、花を中心に、葉などを図案化したものを抜粋した紋である。天皇家が使用する菊紋、藤紋、橘紋、沢瀉紋、桔梗紋、梅紋、梅鉢紋、龍胆紋などが代表になる。

花や葉などを写実的に、もしくは象徴的に図案化した花紋

「花紋」は、基本的に植物紋に分類されるが、植物紋が数多くあるため、より見やすくするために、花を使用している家紋を集め、本書では花紋として紹介している。花紋とは植物の花（花びら）、花と葉、花と他の文様との組み合わせのことである。

花紋を代表すると言っても過言ではないのが、**菊紋**である。天皇家、皇族の定紋になる。天皇家は**十六弁八重表菊紋**を、皇族は**十四弁一重裏菊紋**を使用している。また、皇室に関係する神社はもちろんのこと、パスポートなど、国家を象徴するものには必ずと言ってよいほど用いられる。

天皇家の象徴である「菊紋」

中国の南陽県甘谷の寒菊の花を食すか、菊花の露が落ちた谷水を飲むと長寿を得られるという、延命長寿伝説によって、武将たちが好んで用いたのが、**菊水《きくすい》紋**である。

桐《きり》紋は、現在でも使用家の多い家紋の一つだが、天皇家の替紋《かえもん》で、国家を代表する紋章でもある。中国では古くから梧桐《あおぎり》に鳳凰《ほうおう》（想像上のめでたい鳥）が棲むと言われる嘉木とされる。その伝説が日本に伝わり、桐紋が特別なものになったのだろうと考えられる。

藤《ふじ》は、古くから梅とともに花見が催される花の代表である。蝶形の小さな花を房状につけた薄紫

天皇家の替紋である「桐」。朝廷に武功のあった武将に下賜された紋でもある

色や白色の藤の花は可愛くもあり、高貴でもある。当時の公家たちや栄華を極めた藤原氏が、家紋に用いたのもうなずける。

橘《たちばな》は、ミカン科の一種で、その花と実、葉で紋が構成されている。四大姓に数えられる橘氏族が好んで用いた紋である。

沢瀉《おもだか》は、矢尻形の葉が特徴的で、鏃《やじり》に似ることから〝勝軍草〟と呼ばれ、それにあやかった毛利氏、豊臣氏、福島氏などの多くの武将が家紋に用いる。

桔梗《ききょう》は、青紫色の可憐な花を単純明快に図案化している。清和源氏頼光流土岐氏の代表紋として知られる。

清和源氏頼光流土岐氏が用いる桔梗紋

最初の牡丹図柄の家紋、「近衛家牡丹」

牡丹《ぼたん》は、中国では〝花の王〟とされ、かつては国花であった。日本では観賞花として人気が高い。最初に家紋としたのは、公家の近衛家になる。他には南部氏、伊達氏などが用いた。

かつて花見と言えば梅のことであった。梅は花を観賞し、実は梅干にされ、私たちの生活に密着している。それを家紋にしたのが**梅**《うめ》**紋**で、デフォルメしたのが**梅鉢**《うまばち》**紋**になる。学問の神様として、今なお信仰される天神様（菅原道真《すがわらのみちざね》）は、梅をこよなく愛していたという。道真が大宰府に左遷になったおり、邸宅の梅が道真を慕《した》い一晩で大宰府に飛んで行った伝説が残る。

日本の国花である桜。江戸時代には武家が家紋に用いていた

日本の国花である桜《さくら》の花を図案化した**桜紋**がある。江戸時代の武家が用いていた。

龍胆《りんどう》**紋**は高貴な紫色の花から、公家の村上源氏が好んで用いた。**杜若**《かきつばた》は、紫色の花が優雅で、古くから貴族に愛され、平安時代に公家の花山院家と、中御門家が用いている古い文様だ。

他には、藤原時代から文様として用いられ、『万葉集』などに詠まれる**山吹**《やまぶき》**紋**、古くから文様として用いられる**鉄線**《てっせん》**紋**、可憐な薄桃色の花を図案化した**撫子**《なでしこ》**紋**、尚美的な意義の**水仙**《すいせん》**紋**などがある。

菊紋

古くから高貴な花として尊ばれ、後鳥羽上皇（天皇）が家紋として使い始めた菊紋。以来、天皇家、皇族の定紋、皇室に関連する神社、日本のパスポートなどにも用いられている。

天皇家の定紋として知られる菊紋

菊はキク科キク属の多年草で、日本の伝統園芸植物の一つである。仁徳天皇の時代に伝来した大輪の菊は、特に観賞用として珍重され、当時の貴族たちに愛された。

菊紋と言えば天皇家が定紋として使用している。いつの頃から使い始めたかは諸説あるが、鎌倉時代に、後鳥羽《ごとば》上皇（天皇）が菊花紋を衣服や身の回りの品に意匠したのが始まりと言われる。その後、朝廷に貢献した足利尊氏や豊臣秀吉などの武将に下賜《かし》されたが、徳川家康が下賜を固辞したことによって、それ以降、菊紋を与えることはなくなった。

天皇家が使用しているのは**「十六弁八重表菊紋」**で、その他の皇族は**「十四弁一重裏菊紋」**になる。

【十六弁八重表菊】

【十六裏菊】

【十二菊】

【十四弁一重裏菊】

【八菊】

【陰十六菊】

【十六菊】

【十菊】

【石持ち地抜き十六菊】

【大宮菊】

【乱菊】

【十六鬼菊】

【有栖川菊】

【三つ割り亀甲葉菊】

【割り菊】

【十六重ね菊】

【有栖川抱き葉菊】

【菊枝丸】

【三つ割り菊】

【捻じ鬼菊】

【実相院菊】

【菊飛び蝶】

【陰三つ割り菊】

【九重菊】

【閑院宮家菊】

【菊鶴】

【菊菱】

【千重菊】

【青山菊】

菊水紋

菊に流水をデザイン化した家紋。中国の伝記によると延命長寿をもたらすとされ、戦に明け暮れた武将たちが好んで用いた。中でも南北朝時代に活躍した楠木正成が有名。

後醍醐《ごだいご》天皇の下命で楠木正成《くすのきまさしげ》とその一族が家紋とした

菊水《きくすい》紋は、菊に流水をデザインしたもので、『塵《じん》添壒嚢鈔《てんあいのうしょう》』や『陸機要覧《りくきようらん》』『事林広記《じりんこうき》』で、菊花や菊水の持つ薬用や延命長寿の効用伝説を記している。中国の南陽県甘谷に咲く寒菊の花を食したり、菊花の露が落ちた谷水を飲むことによって長寿を得ることができると紹介している。

家紋としての菊水は、1336～1392年頃朝廷が大覚寺統と持明院統の南北朝の争い（南北朝の動乱）を繰り広げた際に、後醍醐天皇率いる南朝側の武将として大活躍した楠木正成とその一族が用いていたことで知られる。これは後醍醐天皇に菊花を浮かべた盃を賜り、家紋にするようにと下命があったと『楠木氏系図』に記されている。

【菊水】

【菊水】

【肘張り菊水】

【葉付き菊水】

【葉付き菊水】

【二つ雁に菊水】

【菊水】

【変わり菊水】

桐紋

梧桐に鳳凰が棲むと言われ、歴代の天皇家が使用した桐紋。天皇家の替紋でもある。足利一族、織田信長、羽柴秀吉が武功として下賜され、やがて多くの武家に広がった。

天皇家の替紋《かえもん》、国家を代表する紋章

桐《きり》はゴマノハグサ科の落葉高木で、葉が掌状で大きく、五月の初夏に薄紫色の花が咲く。日本の材木の中では最も軽く、狂いが少なく木目も美しいことから、高級タンスや琴などに使用される。

中国では梧桐《あおぎり》（アオギリ科の落葉広葉樹）に鳳凰が棲むという伝説がある嘉木とされる。日本では平安初期に嵯峨《さが》天皇が皇室の黄櫨染《こうろぜん》の御袍に用い、鎌倉時代に後醍醐天皇が足利尊氏《あしかがたかうじ》などに下賜《かし》している。それ以降、天皇家の替紋《かえもん》として、また国家を代表する紋章として使用されている。

その後、足利一門、織田信長、羽柴秀吉らをはじめ、武功として与えられたため、多くの武家が用いた。現在でも多く見られる家紋の一つである。

【五三桐】

【葉陰五三桐】

【光琳桐】

【丸に五三桐】

【五三鬼桐】

【中陰光琳桐】

【細中陰五三桐】

【中陰五三鬼桐】

【光琳鐶桐】

【川越桐】

【五七桐】

【太閤桐】

【福井桐】

【嵯峨桐】

【五七鬼桐】

【芋桐】

【土佐桐】

【踊り桐】

【有馬桐】

【枡桐】

【陰上田桐】

【五三踊り桐】

【内藤桐】

【金輪桐】

【仙石桐】

【七五踊り桐】

【上杉桐】

【小判桐】

【新田桐】

【桐車】

【入れ違い桐崩し】

【浮線桐】

【松葉菱に五三桐】

【中輪に変わり桐車】

【三つ割り五七桐】

【桐枝丸】

【糸輪に桐菱】

【桐の花車】

【三つ割り五七桐に卍】

【青桐の丸】

【糸輪に覗き五三桐】

【桐揚羽蝶】

【三つ割り光琳桐】

【三つ割り桐】

【雪輪に五三桐】

【変わり中陰桐飛び蝶】

【七宝桐】

【鶴割り桐】

【丸に三本花桐】

藤紋

藤の花と葉を文様として九条家、一条家、二条家などの公家が古くから使用した。また、藤原氏の藤原秀郷流の一族が用いたことで知られる。現在は藤のつく氏姓に多く見られる。

公家や栄華を極めた藤原氏が用いた藤《ふじ》紋

藤はマメ科フジ属のつる性木である。葉は奇数羽状複葉で、5～6月に薄紫色や白色の蝶形の花をつけた総状花序を下垂する。

藤を用いた家紋の図案は、左右から房を下にのばす**「下がり藤」**、もしくは上にのばす**「上がり藤」**の藤丸と八つ藤、巴状に巻くものや、菱形にかたどったもの、文字を加えたものなどが見られる。

古くは藤は公家装束に用いていた。公家では九条家、一条家、二条家、醍醐家、正親町家、富小路家、裏辻家が用いている。また、藤原秀郷を祖とする藤原氏が使用している。現在では藤のつく氏姓（佐藤、伊藤、近藤など）が藤紋を用いており、使用家が多いため**五大家紋**の一つに数えられる。

【一条下がり藤】

【下がり藤】

【上がり藤】

【二条下がり藤】

【下がりばら藤】

【上がりばら藤】

【九条下がり藤】

【花藤】

【結び上がり藤】

【藤の花】

【八つ藤】

【二つ藤巴】

【伊藤藤】

【三つ寄せ藤の花】

【八つ藤菱】

【左三つ藤巴】

【加藤藤】

【子持ち藤飛び蝶】

【枝藤】

【ばら藤巴】

【片手藤】

【変わり藤蝶】

【枝藤に水】

【七つ花上り藤】

【変わり一つ藤巴】

【藤桐】

【藤枝丸】

【三つ葉藤の丸】

【軸付き藤輪】

橘紋

古くは、葉や実が美しいことから庭木として人気だった橘は、ミカンの一種で、その実と葉を描いたのが橘紋である。元明天皇がお気に入りの女官に橘の呼び名を与えたのが、橘姓の由来である。

橘《たちばな》氏族を中心に多くの武将が用いた

橘はミカン科ミカン亜属ミカン属の一種で、紀州以南の海岸台地に分布する常緑小高木である。葉は楕円形で、6月頃に小さい白い花をつける。果実は小ぶりの球状で、他のミカン同様黄色である。

この橘は、『古事記』によると垂仁《すいにん》天皇の時代に天皇が多遅麻毛理《たじまもり》（田道間守）に世にも珍しい美果「非時香菓《ときじくのかぐのこのみ》」を探すよう求めたという。この果実こそが橘である。奈良時代には、葉や実が美しいことから庭木として人気が高かった。

家紋の図柄は、葉が花の廻りに3枚、茎に2枚描かれているのが基本となり、さまざまな組み合わせが見られる。橘紋は橘氏族を中心に、井伊氏、小倉氏、黒田氏、久世氏などに見られる。

【橘】

【久世橘】

【菊座橘】

【丸に橘】

【彦根橘】

【橘崩し】

【石持ち地抜き橘】

【薬師寺橘】

【光琳葉敷き橘】

【井桁に橘】

【黒田橘】

【入れ違い割り橘】

【浮線橘】

【枝橘】

【三つ橘亀甲】

【三つ橘】

【杏葉橘】

【橘枝丸】

【橘菱】

【三つ葉裏橘】

【利休橘】

【花橘】

【橘胡蝶】

【三つ寄せ橘崩し】

【抱き橘】

【三つ組み橘】

【橘鶴】

【三つ割り枝橘】

【対い橘】

沢瀉紋

矢尻形をした葉の形が特徴的な沢瀉。葉の形が鏃（やじり）に似ていることから〝勝軍草〟とも呼ばれる。それにあやかった毛利氏、豊臣氏、福島氏などの多くの武将が家紋に用いた。

天下人、豊臣秀吉も使用していた沢瀉《おもだか》紋

沢瀉とは、オモダカ科オモダカ属の多年草で、日本各地の水田や沼地、沢などの浅い水中に生えている。花期は8～10月で花序の上部に雄花、下部に雌花がつく。白くて愛らしい花と矢尻形の葉が印象的である。

この沢瀉の名の由来は〝沢《さわ》の瀉《そそ》ぎ〟に生えることに由来する。面高《おもだか》とも書かれるが、これは葉の表に葉脈があり、それがふくれ上がっているため。

平安末期から車紋や武具に意匠され、『源平盛衰記』や『平家物語』などに登場する。家紋としては、葉だけを用いたもの、葉と花を組み合わせたものになる。毛利氏、豊臣氏、木下氏、浅野氏、福島氏、水野氏、三浦氏などの大名が用いていた。

【大関沢瀉】

【有馬沢瀉】

【立ち沢瀉】

【雪輪に立ち沢瀉】

【水野沢瀉】

【丸に立ち沢瀉】

【石持ち地抜き立ち沢瀉】

【福島沢瀉】

【向こう花沢瀉】

【三つ盛り沢瀉】

【抱き沢瀉菱】

【丸に抱き沢瀉】

【糸輪に豆立ち沢瀉】

【三つ寄せ沢瀉】

【軸違い並び葉沢瀉】

【子持ち抱き沢瀉】

【一つ花沢瀉】

【三つ寄せ変わり沢瀉】

【中津沢瀉】

【変わり抱き葉沢瀉】

【一つ沢瀉の丸】

【三つ追い沢瀉】

【枝沢瀉巴】

【二つ追い葉沢瀉】

【一つ沢瀉菱】

【三つ追い葉沢瀉】

【変わり三つ巴沢瀉】

【長州(長門)沢瀉】

【抱き沢瀉】

【木瓜沢瀉】

【六つ蔓沢瀉】

【三つ花沢瀉の丸】

【三本花立ち沢瀉】

【沢瀉に水】

【沢瀉桔梗】

【三つ割り葉沢瀉に桔梗】

【三本沢瀉】

【沢瀉鶴】

【沢瀉車】

【四つ追い沢瀉菱】

【沢瀉桐】

【沢瀉胡蝶】

【八重向こう沢瀉】

【沢瀉七宝】

【二つ割り沢瀉】

【沢瀉揚羽蝶】

【向こう蔓沢瀉】

【変わり五つ沢瀉】

【三つ割り沢瀉】

桔梗紋

8~9月頃に咲く青紫色の花の可憐さと、図案のやさしさから女紋の代表格とも言われる桔梗紋。清和源氏頼光流土岐氏一族をはじめとする、多くの武将が家紋として用いた。

美濃（岐阜県）の土岐《とき》氏一族の代表紋として知られる

桔梗《ききょう》は初秋の季語で、秋の七草の一つに数えられる。8~9月頃に青紫色の花を咲かす。北海道から九州に分布するキキョウ科キキョウ属の多年草である。根が漢方薬や去痰《きょたん》剤に用いられたり、屠蘇《とそ》の風味づけなどに用いられるなど、私たちの生活に密着した花（植物）の一つである。

家紋の図柄としては、5枚の花弁を描いたものが多く、他の家紋に較べて単純である。清和源氏頼光流土岐氏の一族が使用していた。他には播磨（兵庫県）の脇坂氏、大和（奈良県）の植村氏などの武将が使用している。また、〝本能寺の変〟で主君・織田信長を攻め殺した明智光秀が、旗印に用いている。

【桔梗】

【太陰桔梗】

【剣香い桔梗】

【丸に桔梗】

【細桔梗】

【反り桔梗】

【陰桔梗】

【丸に細桔梗】

【剣形桔梗】

【花桔梗】

【桔梗輪】

【太田桔梗】

【光琳桔梗】

【四つ桔梗菱】

【結び桔梗】

【八重桔梗】

【山城桔梗】

【光琳反り桔梗】

【陰組み合わせ八重桔梗】

【裏桔梗】

【土岐桔梗】

【盃桔梗】

【細釜敷き桔梗】

【八重裏桔梗】

【剣桔梗】

【洲浜桔梗】

【太晴明桔梗】

【台地抜き裏桔梗】

【沼田桔梗】

【違い抱き桔梗】

【細輪に三つ葉桔梗】

【三つ割り桔梗】

【捻じ桔梗】

【葉付き桔梗の丸】

【三つ葉桔梗】

【三つ割り裏桔梗】

【横見桔梗】

【花桔梗枝丸】

【軸違い三つ横見桔梗】

【上下割り桔梗】

【糸輪に豆桔梗】

【桔梗飛び蝶】

【浮線桔梗】

【三つ割り三つ葉花桔梗】

【細輪に三つ葉桔梗】

【蟹桔梗】

【抱き葉桔梗】

【葉付き割り桔梗】

【三つ盛り桔梗】

牡丹紋

中国では富貴の象徴とされ、古くは国花であった牡丹。日本では近衛家をはじめとする公家や、伊達氏、松平氏、島津氏などの名だたる武将たちが家紋に、さらに寺紋としても用いられた。

牡《ぼ》丹《たん》の花、葉、枝で大胆に描いた家紋が多い

牡丹は中国の西北部が原産で、ボタン科ボタン属の落葉低木である。5月頃に紅紫色をはじめとするさまざまな色合いの大きな花を咲かせ、観賞花として人気が高い。

中国では、花の美しさ、芳香のすばらしさによって、花の王とされ富貴花と呼ばれ、かつては国花であった。そんな牡丹を日本で家紋に用いたのは、公家の近衛家だと言われている。他には鷹司家、高倉家、高丘家、難波氏が用いている。

武将では、陸奥（青森県、岩手県）の南部氏、伊達氏、薩摩（鹿児島県）の島津氏、肥前（佐賀県、長崎県）の鍋島氏などが、また、平等院、東本願寺などが寺紋としている。

【大割り牡丹】

【地割り変わり牡丹】

【捻じ牡丹】

【落ち牡丹】

【向い牡丹】

【裏牡丹】

【中陰落ち牡丹】

【変わり向い牡丹】

【変わり裏牡丹】

【陰落ち牡丹菱】

【牡丹の枝丸】

【仙台牡丹】

【近衛牡丹】

【丸に違い牡丹】

【葉下牡丹】

【津軽牡丹】

【鷹司牡丹】

【三つ尻合わせ落ち牡丹】

【花覗き牡丹の丸】

【杏葉牡丹】

【薩摩牡丹】

【三つ割り牡丹】

【牡丹に飛び蝶】

【葉陰杏葉牡丹】

【島津牡丹】

【唐草大割り牡丹】

【秋田牡丹】

【枝牡丹】

【鍋島牡丹】

梅紋・梅鉢紋

古くは花見は梅であった。それだけ私たちの生活に密着している梅の花を写実的に描いた梅紋。花をデフォルメしたのが梅鉢紋である。学問の神様と言われる菅原道真が梅をこよなく愛していた。

梅《うめ》紋・梅鉢《うめばち》紋は菅原道真《すがわらみちざね》を代表する菅原氏族が有名

梅はバラ科サクラ属の落葉高木で、中国が原産。日本には686～697年頃に渡来した（諸説あり）と言われる。梅紋は別名梅花紋ともいい、梅の花を写実的に描いたもの。梅鉢紋は中央に小さな円や梅の花をデフォルメしたものを置き、周りを5つの円で囲み幾何学的な花弁風になっている。

梅紋で有名なのが、菅原氏族である。『北野天満宮縁起』によると、菅原道真は梅をこよなく愛していたことがわかる。平安時代、大宰府に左遷された道真を慕って、梅が一夜にして大宰府まで飛んでいった逸話が残る。他には加賀（石川県）の前田氏が**梅紋**を、斎藤氏が**梅鉢紋**を、全国の天神神社が梅と梅鉢を神紋としている。

【梅】

【陰八重梅】

【裏梅】

【中陰梅】

【捻じ梅】

【陰陽裏梅】

【八重梅】

【重ね梅】

【台地抜き裏梅】

【香い梅】

【光琳向こう梅】

【捻じ向こう梅】

【八重裏梅】

【三つ盛り香い梅】

【光琳梅】

【糸輪に覗き八重向こう梅】

【中陰向こう梅】

【三つ盛り梅】

【利休梅】

【白銀梅】

【五曜梅】

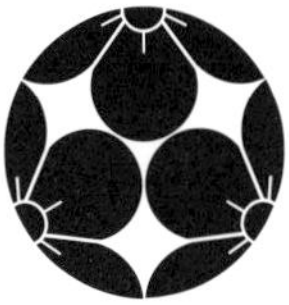
【三つ割り梅】

【朧梅輪】

【軒端梅】

【八重向こう梅】

【三つ割り向こう梅】

【梅餅】

【横見梅】

【八重唐梅】

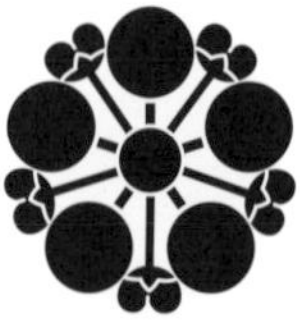

【花梅鉢】

【豊後梅鉢】

【加賀梅鉢】

【三つ横見梅】

【組み合わせ角に梅鉢】

【星梅鉢】

【富山梅鉢】

【三つ葉向こう梅】

【細菱に覗き梅鉢】

【中輪に星梅鉢】

【光琳梅鉢】

【五つ横見裏梅】

【中陰梅胡蝶】

【剣梅鉢】

【台梅鉢】

【糸輪に豆梅】

【中陰梅蝶】

【丸に剣梅鉢】

【朧梅鉢】

【梅鉢】

桜紋

日本の国花である桜。桜は自生（野生種）と園芸品種があり、桜の品種数は多い。同様に桜紋のバリエーションも数多くある。古くから文様、武具、衣装、日用品などに用いられていた。

家紋としては江戸時代に武将が用いた

桜《さくら》はバラ科の落葉樹で、日本には自生している山桜をはじめ、園芸品種としては３００種以上もある。代表品種には、染井吉野、江戸彼岸、大山桜、大島桜などがある。桜は日本の国花である。

桜の魅力は古くから可憐な花はもちろんのこと、散り際にあると考えられていた。「花は桜木、人は武士」と言って、７日もすれば散る桜は、死をいとわない武士の潔さに通じるとされた。しかし、家紋としては江戸時代から用いられるようになった。

使用家は、肥後（熊本県）の細川氏、遠江（静岡県）の桜井松平氏、相模（神奈川県）の大久保氏、但馬（兵庫県）の仙石氏などが用いた。また、吉野神宮、唐招提寺などが神紋、寺紋として用いた。

【桜】

【向こう山桜】

【雀口桜】

【山桜】

【八重桜】

【大和桜】

【細山桜】

【変わり八重桜】

【桜井桜】

【結び桜】

【裏桜】

【糸輪に離れ桜】

【中陰桜】

【釜敷き山桜】

【裏八重桜】

【糸菱に桜】

【陰山桜】

【鐶桜】

【陰裏桜】

【光琳太陰桜】

【陰桜井桜】

【蔓桜】

【中陰裏桜】

【葉敷き桜】

【丸に桜】

【子持ち山桜形】

【九重桜】

【葉付き裏桜】

【丸に細桜】

【枝桜】

【九曜桜】

【四つ割り桜に花菱】

【三つ割り桜】

【散り桜】

【月落ち桜】

【変わり桜浮線綾】

【三つ割り山桜】

【桜胡蝶】

【雪月花】

【桜浮線綾に山桜】

【三つ割り細山桜】

【揚羽桜蝶】

【桜枝丸】

【抱き桜】

【三つ割り向こう山桜】

【小山蟹桜】

【葉付き三つ桜の丸】

【杏葉桜】

【桜崩し】

龍胆紋

例えようのない龍胆の根の苦味を、空想の龍の肝に例えたのが名の由来。龍胆の清楚で高貴な紫色の花から、公家の村上源氏諸家や宇多源氏、江戸時代には多くの幕臣が用いた。

村上源氏が好んで用いた家紋の一つ

龍胆《りんどう》は竜胆とも書かれ、リンドウ科リンドウ属の多年草で、本州から九州の草原や疎林の中などに生えている。花期は9～11月になり、紫色の清楚な花を咲かせる。

龍胆の名の由来は、根の部分を噛むと、まるで龍の胆のように強い苦味があるからと言われる。龍胆の根は、健胃剤などの薬に用いられている。

龍胆紋の基本は3花5葉とし、抱き合わせ、割りなどがある。家紋としては公家の村上源氏の愛宕家、岩倉家、久世家などが用いている。また、宇多源氏の綾小路家、大原家などが用いている。幕臣では千葉氏、浅井氏、別所氏、山崎氏などが使用している。

【笹龍胆】

【丸に笹龍胆】

【抱き龍胆】

【栖鳳龍胆】

【丸に細笹龍胆】

【蔓違い龍胆】

【慈光寺龍胆】

【石川龍胆】

【池田龍胆】

【枝龍胆】

【四つ葉龍胆菱】

【三つ折れ葉龍胆】

【池田三つ龍胆】

【龍胆胡蝶】

【六つ花龍胆】

【変わり三つ折れ葉龍胆】

【三枚笹龍胆】

【蟹龍胆】

【龍胆車】

【三つ割り三つ葉龍胆】

【頭合わせ三つ笹龍胆】

【蔓笹龍胆】

【久我龍胆車】

【二つ葉龍胆】

【三つ割り笹龍胆】

【七宝龍胆】

【葉陰龍胆車】

【三つ葉龍胆】

【三つ追い掛け笹龍胆】

杜若紋

紫色の花が優雅だとして、古くから貴族たちに愛された杜若。藤原時代から衣装の文様として用いられ、平安時代に公家の花山院家と中御門家が用いていた。江戸時代には幕臣が用いている。

古くから文様、車紋として用いられ、家紋となる

杜若《かきつばた》は、アヤメ科アヤメ属の多年草で、北海道から九州に分布する。湿地帯や池などの水辺に群生する。葉はとがった剣形で、5~6月に薄紫色から濃紫色の花を咲かせる。

湿地地帯や水辺に群生する杜若

名の由来は、花の汁で布を染めた〝書き付け花〟が転訛したものである。「いずれがアヤメかカキツバタ」と言われるように、杜若と菖蒲《あやめ》はよく似ている。大きな違いは、花弁に白い模様が縦に入っているのが杜若で、黄色い模様が入っているのが菖蒲になる。

杜若は、藤原時代から衣服の文様として用いられていた。家紋の図柄としては、花だけを表したもの、花と葉、茎で全体を表したもの、水を加えたもの、抱き、追いなどが見られる。

公家が使用した車紋を紹介する『大要抄《たいようしょう》』によると、公家の花山院家や中御門《なかみかど》家が車紋に用いたとある。また、『枕草子』『栄華物語』にも見てとれる。

花山院家が**対い杜若**、中御門家の壬生《みぶ》家は**追い杜若**、石山家が**三つ杜若**を用いている。

他には幕臣の清和源氏の幸田氏、藤原氏族の小浜氏、桓武平氏の高力氏などが用いている。

【尻合わせ三つ杜若の花】

【外向き杜若菱】

【今城杜若】

【杜若の花】

【石山杜若】

【二つ追い杜若菱】

【丸に向こう杜若の花】

【変わり杜若の花】

【杜若の丸】

【抱き杜若】

【丸に杜若の花】

【陰杜若の花】

【杜若に水】

【二つ追い杜若】

【糸菱に総覗き花杜若】

【立ち杜若】

【結び杜若の花】

【三つ追い杜若】

【中山杜若】

【根引き杜若】

山吹紋

里山や公園などで4～5月頃に鮮やかな黄色の花を咲かせ、私たちを楽しませてくれる山吹。藤原時代から文様として使われており、『万葉集』などにも詠まれている。

橘諸兄《たちばなのもろえ》が愛した山吹《やまぶき》。橘氏族に多く見られる

春になると黄色の花を咲かせる山吹は、バラ科ヤマブキ属で、北海道から九州に分布している落葉低木である。里山や低山に見られるが、公園や庭木に観賞用として植えられている。

『万葉集』など、多くの詩歌が詠まれた山吹は、藤原時代に文様として使われていた。家紋の図柄は、八重の花を描いたものが中心だが菊花紋に似ているため、花弁の先端を二つに裂いて区別をしているものもある。また、水と合わせたもの、花と枝、葉で丸を作ったもの、抱きなどが見られる。

橘諸兄が『万葉集』で山吹の詩歌を詠んでいることから、橘氏族（岡本氏、花田氏、山脇氏など）に多く見られる。

【向こう山吹】

【抱き山吹】

【下村山吹】

【裏山吹】

【杏葉山吹】

【山吹に水】

【三つ横見山吹】

【大丸山吹】

【山吹枝丸】

朝顔紋・夕顔紋

朝顔は名のごとく、朝に花開き夕には萎む短命のため、家紋としては嫌われたが、観賞用としては人気だった。家紋は明治以降に用いられるようになった。夕顔は江戸時代に家紋として幕臣が使用した。

朝顔《あさがお》は明治以降に、夕顔《ゆうがお》は江戸時代に家紋にされた

朝顔はヒルガオ科アサガオ属のつる性一年草で、奈良時代に薬用植物として渡来し、平安時代に観賞用に、江戸時代に一般に広まり、変化朝顔が全盛となる。

文様としては用いられたが、家紋としては開花時間が短命であるとして嫌われ、使用例は少ない。明治以降に神山氏、尾崎氏などが用いている。

夕顔はウリ科ユウガオ属のつる性植物で、花は白色で、名の通り夕刻に咲く。果実は長楕円や円形で、主にカンピョウの原料にされる。

家紋の図柄は花や葉だけのもの、源氏車と合わせたものなどがあり、新庄氏、南条氏、塩谷氏、渡辺氏、佐山氏、後藤氏などが用いている。

【丸に一つ朝顔】

【五つ朝顔】

【夕顔に月】

【竹丸に朝顔】

【夕顔の花】

【月輪に陰豆夕顔】

【朝顔枝丸】

【夕顔の葉丸】

【夕顔葉に源氏車】

鉄線紋

中国原産種を鉄線、日本産を風車草、草牡丹とも呼ばれ、美しい花をつける。現在は総称してクレマチスとして、人気の園芸花の一つに数えられる。家紋には鉄線の花や実が使用されている。

清和源氏の片桐氏の家紋として知られる

鉄線《てっせん》とは、キンポウゲ科センニンソウ属のつる性多年草で、美しい花をつけることで知られる。現在は総称してクレマチスと呼ばれている。中国原産を鉄線と呼び、日本産は風車草、草牡丹とも呼ばれる。鉄線の名の由来は、つるが〝鉄線〟のごとく強いことからきている。

古くから鉄線が文様として用いられているが、江戸時代に家紋にも用いられるようになった。家紋に用いられているのは、花が多く、他には実をデフォルメしたものなどがある。

使用家としては、清和源氏の片桐氏がよく知られている。他には金子氏、平田氏、藤原氏流の宇田川氏、藪《やぶ》氏などになる。

【鉄線】

【花鉄線崩し】

【八重花鉄線】

【五つ鉄線】

【光琳鉄線】

【永井鉄線】

【花鉄線】

【八重鉄線】

【葉敷き花鉄線】

撫子・石竹紋

河原撫子、瞿麦とも呼ばれる日本固有種と、中国から渡来した唐撫子とがある。可憐な薄桃色の花が古くから愛された。家紋には唐撫子（石竹）が図案化されたと考えられている。

美濃の斎藤氏、清和源氏頼季流などが用いた

撫子《なでしこ》は、ナデシコ科ナデシコ属の多年草で、本州から九州に分布している。日本固有種は、河原《かわら》撫子《なでしこ》と言われる。他には瞿麦《なでしこ》とも呼ばれ、中国から渡来したものは唐撫子《からなでしこ》（石竹《せきちく》）と言う。7〜10月にかけて咲く薄桃色の花が愛らしく、古くから親しまれている。秋の七草の一つにもなっている。

家紋の図柄は、中国の唐撫子（石竹）と考えられる。花を描いているものが基本で、花を三つ合わせたものや、花と枝を合わせたもの、割りなどが見られる。使用家は、丹波（京都府・兵庫県）の蘆田氏（芦田氏）、美濃（岐阜県）の斎藤氏、清和源氏頼季流の井上氏、山口氏、赤井氏などが、旗本では松平藤井氏、柴田氏、前田氏などが用いていた。

【撫子】

【捻じ撫子】

【三つ盛り撫子】

【唐撫子】

【山口撫子】

【枝撫子】

【江戸撫子】

【雪持ち地抜き撫子】

【撫子蝶】

水仙紋

日本には中国からもたらされた水仙。他の家紋のように文献には登場しない。名の由来は、水の精を漢名にしたものと言われている。紋は水仙の花を葉で円を描いた抱きが基本になる。

尚美的な意義によって家紋に用いられた水仙《すいせん》

冬から春にかけて開花する水仙は、ヒガンバナ科スイセン属の多年草である。日本はもちろんのこと、中国、ヨーロッパ、地中海沿岸、北アフリカ、中近東などに分布しており、約30種もある。花は黄、白、淡紅色、朱赤などがある。花の形状も数種類ある。水仙の名は、水の精を漢名にしたものと言われている。

家紋の図柄は、ほとんどが葉で円を描き、その中に花を描く抱きが基本になる。変わったものでは**水仙に水**、**根引き水仙**、**五つ水仙車**がある。

使用家としては、菅原氏族の菅野氏、下野（栃木県）の水沼氏、二村氏などが用いているが、あまり多くはない。

【水仙】

【抱き水仙に三つ銀杏】

【水仙の丸】

【束ね水仙】

【抱き水仙に三つ鱗】

【根引き水仙】

【抱き水仙】

【五つ水仙車】

【水仙に水】

蘭紋

東洋蘭と西洋蘭に大別できる蘭。世界には約2万5000種もの蘭があるが、家紋の図案にされたのは、奈良時代に中国から伝わった蘭で、尚美的、吉祥的意義によると考えられる。

希少紋に数えられる蘭《らん》紋。三枝氏族の辻氏らが用いた

蘭とひとことで言うが、蘭はラン科の多年草で、世界中で約700属、約2万5000種もあり、日本だけでも約85属、約250種もある。

日本では古くからシュンランやエビネなどが野生種として人気がある。また、栽培されていたが、奈良時代に中国ランが渡来し、明治になると海外からカトレヤ、シンビジウム、バンダなどが導入された。

家紋の図柄は花だけを描いたものと、花と葉を合わせ円を描いているものが代表になる。使用家の代表としては、『寛政重修諸家譜《かんせいちょうしゅうしょかふ》』によると、三枝氏族の辻氏になる。他には上里氏、徳岡氏、奥山氏、久島氏、津崎氏などが用いている。

【蘭】

【枝蘭】

【花抱き蘭】

【落ち蘭】

【蘭蝶】

【三つ集め蘭】

【真向き蘭の花】

【花蘭丸】

【三つ割り蘭】

椿紋・菫紋・薺紋

観賞花として武家に愛された椿は、橘氏流の山脇氏が家紋とした。尚美的な意義によって家紋にされた菫は、大江氏族の毛利氏が代表。邪気を祓い、万病を防ぐ信仰的な意義から家紋にされた薺は、主に清和源氏が用いている。

稀少家紋に数えられる椿《つばき》紋、菫《すみれ》紋、薺《なずな》紋

椿はツバキ科ツバキ属の常緑高木で、本州、四国、九州の海岸地方に多く分布している。開花は2～4月頃で、基本的に赤色の5～6弁花が半開して咲く。種子から油がとれる。花が蕚《がく》の部分から落ちるため、首が落ちるに連想され、武士からは嫌われたと言われるが、観賞花とされた。

家紋の図柄としては、花のみを描いたもの、花と枝、葉を描いたもの、葉だけを描いたものなどがある。使用家は橘氏流の山脇氏や椿氏、村椿氏、藤田氏などが用いている。

菫はスミレ科スミレ属の多年草で、日本各地に分布している。野原や里山の土手などに生えている。菫の名は、花の形が大工が用いる〝墨入れ（墨壺）〟に似ているのが由来。

図柄は花と葉をリアルに描いたものが多い。使用家は大江氏族の毛利氏、伊勢（三重県）の増山氏の他に、中尾氏、小林氏、金村氏などになるが、稀少な紋の一つである。

薺はアブラナ科ナズナ属の越年草で、春の七草の一つに数えられ、日本各地の畑、水田の畦《あぜ》、道端などでみられる。花期は3～6月で、小さい白色の十字花をつける。実は倒三角形で三味線のばちに似ているため、別名〝ペンペングサ〟とも呼ばれる。

家紋の図柄は葉だけが描かれる。使用家は清和源氏義家流の畠山氏、清和源氏頼光流の伊丹氏、宇多源氏の京極氏などが代表で、幕臣では丹羽氏、八木氏、加藤氏、朝倉氏などになる。

【五つ薺】

【菫胡蝶】

【三つ椿車】

【丸に一つ椿】

【六つ薺】

【増山菫】

【一つ菫】

【細輪に中陰覗き椿】

【八つ薺】

【毛利菫】

【抱き菫】

【丸に椿の花】

【雪輪に六つ薺】

【薺】

【三つ葉菫】

【丸に三つ椿の葉】

【変わり薺】

【丸に薺】

【菫車】

【三つ椿】

天下人の家紋の変遷

豊《とよ》臣《とみ》秀《ひで》吉《よし》

織田信長の死去後、明智光秀を討ち取り、織田家臣団の中での発言力も強まり、信長の孫の三法師を後継者に擁立。その後、一気に天下統一をはたした豊臣秀吉の家紋。

百姓から天下人になった豊臣秀吉の家紋

織田信長の下で仕え（草履取り）、木下藤吉郎と名のっていたが、数々の功績をあげ、丹羽長秀と柴田勝家より一字ずつ賜り、羽柴秀吉と名のる。しかし、明智光秀の本能寺の変で主君・織田信長死去の報を知ると、毛利と和睦。中国大返しをし、京都に戻り光秀を討ち取る。その後、信長の後継者を決める清洲会議で、3歳の三法師（信長の孫）を擁立、実権を握ろうとした。

それに反対する柴田勝家らを破り、信長の次男信雄、徳川家康軍と和睦をする。その後、四国の長宗我部《ちょうそかべ》氏、九州の島津氏、小田原の後北条氏、奥羽国の伊達政宗を屈服させ、天下統一を成し遂げた。

太政大臣となったおりに、後陽成《ごようぜい》天皇から授かった豊臣の姓を名のり、豊臣秀吉となる。家紋としては、信長に仕えていた時には沢瀉《おもだか》（福島沢瀉を使用との説もあり）を用いており、天下人となった時に後陽成天皇から桐紋を受けている。秀吉は「五七の桐」「十一七の桐」、秀吉独占紋の「太閤《たいこう》桐」と、多くの桐紋を使いわけていた。他には、朝廷から下賜された「菊紋」を用いている。

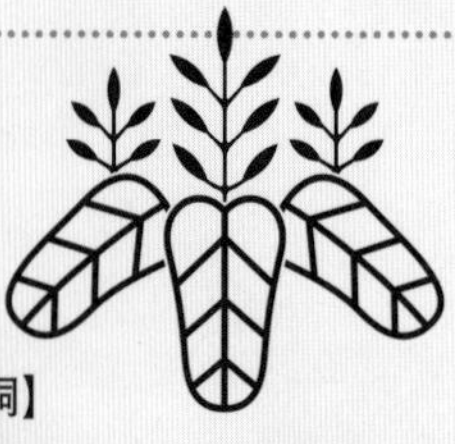

【太閤桐】

【五七の桐】

【十一七の桐】

【立ち沢瀉】

【十六弁菊】

第五章
植物紋

葵紋／蔦紋／茗荷紋／稲紋／楓紋／柊紋／柏紋／梶紋／銀杏紋／片喰・酢漿草紋／竹・笹紋／松紋／杉紋／芦紋／瓜紋／瓢・瓢簞紋／茶の実紋／南天紋／芭蕉紋／河骨紋／棕櫚紋／萩紋／榊紋・薄紋／蓮紋／虎杖紋／蕨紋／桃紋／梨紋・梨切口紋／葡萄紋／栗紋・梔子紋／枇杷紋・柴紋・歯朶紋・芹紋／蕪紋・大根紋

植物紋とは…

植物の葉を中心に、茎、つる、稲、実、木など、私たちの生活に密着している草木や、古くから神聖なものとされる草木を写実的に描いたものや、デフォルメされたものなど数多くの植物が家紋に用いられている。

身近な植物（草木）を図案化した家紋

家紋の中では、この**『植物紋』**の数が二番目に多い。花も植物紋に分類されるのだが、数が多いため本書では花紋として紹介している。植物紋は、私たちの身近で見られるもの、生活に密着したもの、神仏に関係するなどの草木を象った文様になる。

図柄は主に植物の葉、茎、つる、実、木などを描く。

数多い植物紋の中でも、**葵紋**《あおい》は有名である。江戸幕府を成立させた徳川家康が家紋として用いていたからである。江戸時代には徳川将軍家とその一門しか使用することができなかった。「この紋所が目に入らぬか、先の副将軍……」の決め台詞《ぜりふ》で出されるのが〝葵の御紋〟の印籠《いんろう》である。

徳川家の家紋として有名な「葵紋」

蔦《つた》は、木や壁に這い伝って繁るほど、生命力の強い植物である。そのため、武家が子孫繁栄の象徴として松平氏、藤堂氏などが紋に用いた。

茗荷《みょうが》は仏教における悟りの神〝摩陀羅神《まだらしん》〟の象徴で、茗荷の音が神仏の加護を受ける〝冥加《みょうが》〟に通じるとして、多くの大名や寺社紋として用いられたが、中でも鍋島氏が有名。

稲《いね》は、熊野信仰と深い関わりを持っており、神職に関係する鈴木姓に多く見られる。また、伏見

熊野信仰の象徴である稲紋。稲荷社の神紋でもある

稲荷大社を総本宮とする稲荷信仰に由来する神社が神紋にしている。

楓紋《かえで》は名のごとく楓を図案化したもので、平安時代から文様とされている。公家の藤原北家閑院流、清和源氏、桓武平家などが家紋に用い、秋葉神社、龍田大社などが神紋としている。

柊《ひいらぎ》の葉は鋭く、ぎざぎざになっているため、鬼（魔）が嫌うとして節分にイワシの頭を刺して、玄関先に飾られる。また、『古事記』によると、日本《やまと》武尊《たけるのみこと》が東国平定の際に柊の木を矛《ほこ》にして、敵を打ち破ったという。そんな縁起を担ぎ、戦国時代の武将が家紋に用いている。

柏《かしわ》の葉は、神に供える食物を盛る器として用いられている。そのため神聖なものとされ、柏紋を用いるのは、伊勢神宮・内宮（皇大神宮）などの神職に多い。

神職の家系や落語家の一門の家紋に多い柏紋

柏と同じく神饌の器であった梶。諏訪信仰の象徴紋

梶《かじ》は、古くから神饌を供える器や、祭祀の祓え具として使われていた。そんな神聖な梶《かじ》の葉を図案化したのが、**梶紋**である。諏訪大社の神紋として、用いられる。

竹は、祭祀の時に聖域を守る柱として四隅に立てる。竹・笹紋は公家の勧修寺氏にゆかり深い

他には、火に強く神域を守る御神木とされる**銀杏**《いちょう》、南北朝以前から家紋として用いられる**片喰**《かたばみ》（**酢漿草**《かたばみ》）、天と地を結ぶ柱と考えられ、地鎮祭や田植祭に用いられる**竹・笹**、神が宿り、長寿の木とされる**松**、**杉**、日本創世神話にも登場する**芦**《あし》、福を運び込む入れ物をとして縁起を担ぐ**瓢**《ひさご》・**瓢簞**《ひょうたん》、仏教とともに伝来した**茶の実**を仏教に例え図案化した**茶の実**、縁起のよい木とされる**南天**《なんてん》、葉が破れやすいため、〃必ず破る〃という必勝祈願にかけて家紋に用いられた**芭蕉**《ばしょう》、葵紋の代替え紋とされた**河骨**《こうほね》、神霊を招き寄せる神木と言う**棕櫚**《しゅろ》などの家紋がある。

葵紋

江戸幕府を成立させた徳川家康の家紋として有名な葵紋。京都の賀茂御祖神社（下鴨神社）、賀茂別雷神社（上賀茂神社）が神紋として使用し、信仰とともに広まった。賀茂神社の神職や氏子が家紋として用いた。

賀茂神社への篤《あつ》い崇敬を物語る紋

〝葵《あおい》の御紋〟と呼ばれ、徳川一族を象徴する家紋として広く知られている「葵紋」は、ウマノスズクサ科フタバアオイ属のフタバアオイ（二葉葵）の葉や茎を主に図案化したものである。

フタバアオイは、本州から九州に分布している多年草で、真っ直ぐに伸びた茎の先にハート型の葉が二枚つき、3～5月頃に葉に隠れるほど地面近くで、うつむくように紫をおびた薄紅の花を咲かせる。

なんとも奥ゆかしいフタバアオイは、〝カモアオイ〟とも呼ばれる。それは賀茂御祖《かもみおや》神社（下鴨神社）と賀茂別雷《かもわけいかずち》神社（上賀茂神社）が祀る主祭神の伝説にまつわる、神聖な植物であるからだ。二社の祭礼である〝葵祭〟に象徴するように、賀茂神社では祭礼や祭具などに葵を用いていた。そこから賀茂神社では葵を図案化し、神紋とした。

この神紋を家紋として最初に使用したのは、丹波国（京都府）の豪族の西田氏である。西田氏は賀茂御祖神社の御領地に支配地があり、篤い崇拝の象徴として、葵紋を家紋としたと言われている。

西田氏のように、賀茂神社への崇敬により、葵紋を家紋にした家系は多い。徳川家康の家系である三河の松平氏も、その一つである。

松平氏は、古代賀茂（加茂）氏の居住地であった加茂郡の出身で、室町時代には加茂朝臣と称し、当地にあった賀茂神社の有力な氏子であった。江戸時代には、葵紋は徳川将軍家とその一門の独占紋とされ、許可なく他家が用いることを禁止した。

【花立ち葵】

【変わり葵の丸】

【花付き追い葵】

【二葉葵・賀茂神社】

【立ち葵菱】

【葵草丸】

【三つ花葵の丸】

【二葉葵】

【丸に変わり花立ち葵】

【蔓三つ葵の丸】

【三つ葵の丸】

【花付き二葉葵】

【中輪に立ち葵】

【変わり蔓葵の丸】

【花付き葵の丸】

【開き加茂葵】

【丸に右離れ立ち葵】

【立ち葵に水】

【葵の丸】

【花付き抱き葵】

【向こう花葵】

【五つ葵】

【蔓一つ葵】

【本多立ち葵】

【変わり葵桐】

【花付き五つ葵】

【丸に一つ葵】

【本多分家立ち葵】

【剣三つ葵】

【六つ葵車】

【細輪に豆葵】

【本多束ね葵】

【中陰五つ捻じ葵】

【浮線葵】

【裏葵】

【本多捻じ葵】

【蔓違い三つ葵】

【三つ割り葵】

【細輪に五つ裏葵】

【石持地抜き立ち葵】

【越前三つ葵】

【水戸六つ葵】

【徳川葵】

【丸に陰三つ葵】

【越前五鐶三つ葵】

【高松六つ葵】

【尾張三つ葵】

【丸に三つ裏葵】

【出羽三つ葵】

【会津三つ葵】

【紀州三つ葵】

【丸に中陰三つ葵】

【高須三つ葵】

【守山三つ葵】

【紀州六つ葵】

【尻合わせ三つ葵】

【津軽六つ葵】

【西条三つ葵】

【水戸三つ葵】

【丸に尻合わせ三つ葵】

蔦紋

蔦は木や壁などに這い伝わって繁る様子が生命力の強さを表すとして、武家が、子孫繁栄の象徴として紋に用いることが多かった。松平氏や清和源氏の家系、藤原氏の家系に多く見られる家紋である。

武家が一族、一門の繁栄を願ってつけた紋

蔦《つた》はブドウ科ツタ属で、木は成長すると10メートル以上になる。夏は青々とした緑が美しく、秋には鮮やかに紅葉する風情のある植物である。その美しさが愛されて、蔦の葉が文様化され、衣服や調度品に施された。

家紋の登場は、室町時代の頃になる。室町当時の家紋帳『見聞諸《けんぶんしょ》家紋』に、越中（富山県）の椎名氏が**「一葉蔦紋」**、紀氏の家系の富田氏が**「蔓蔦紋」**、三善一族の高安氏が**「竹輪笹に蔦紋」**と記録されている。

江戸時代になると、蔦の這《は》い繁り増え続ける様子に一族繁栄の縁起を担ぎ、藤堂氏、松平氏、六郷氏などの大名や幕臣が家紋に用いた。

【蔦】

【石州蔦】

【大割り蔦】

【藤堂蔦】

【鬼蔦】

【石持ち地抜き大割り蔦】

【三河蔦】

【陰蔦】

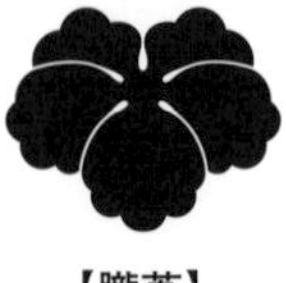
【朧蔦】

【蔦菱】

【糸輪に覗き蔦】

【結び鬼蔦】

【中陰蔦】

【松皮菱に鬼蔦】

【浮線蔦菱】

【結び蔦】

【中陰鬼蔦】

【割り蔦】

【浮線蔦】

【中陰光琳蔦】

【丸に蔦】

【入れ違い割り蔦】

【浮線蔦蝶】

【太陰光琳蔦】

【丸に鬼蔦】

【三つ割り蔦】

【蔓蔦】

【三つ組み光琳蔦】

【利休蔦】

【中陰鬼蔦鶴】

【中陰三つ組み蔦】

【三つ組み蔦形】

【外三つ割り蔦】

【蟹蔦】

【三つ寄せ中陰蔦菱】

【結び蔦】

【三つ盛り蔦】

【鵲蔦】

【蔦の枝丸】

【中輪に壺に蔦】

【丸に尻合わせ三つ蔦】

【雪輪に蔦】

【松葉丸に中陰豆蔦】

【蔦の花】

【丸に頭合わせ三つ蔦】

【唐草輪に蔦】

【中陰蔦飛び蝶】

【丸に六つ蔦花】

【三つ寄せ蔓蔦】

茗荷紋

茗荷は仏教の悟りの神〝摩陀羅神〟の象徴であり、茗荷の音が神仏の加護をうける〝冥加〟に通じるとして、寺社紋に用いられた。また、大名の鍋島氏の家紋として知られる。

「冥加《みょうが》」に通じ、神仏の加護を願う紋

茗荷《みょうが》は、ショウガ科ショウガ属の東アジアの原産の多年草である。生姜《しょうが》とともに中国大陸から日本に持ち込まれたと言われる。

茗荷の名は、釈迦の弟子の周利槃特《チューダ・パンタカ》に由来する。周利槃特は精舎の清掃を何十年と続け、悟りを開いた尊者である。しかし、彼は物覚えが悪く、常に名札を首からさげていた。茗荷は周利槃特の墓から生えた草と言われ、名を荷って生きた周利槃特を表して、茗荷と名づけられたという。

家紋としては、悟り神の摩陀羅神の象徴であることや冥加（神仏の加護を得るという意味）に音が通じることから、信仰的な意味合いで用いられた。鍋島藩主の**「鍋島茗荷（杏葉）」**が有名。

【抱き茗荷】

【立ち茗荷】

【鍋島茗荷(杏葉)】

【丸に抱き茗荷】

【三つ割り変わり茗荷】

【丸に変わり抱き茗荷】

【大割り抱き茗荷】

【根違い茗荷】

【中輪に抱き茗荷崩し】

【茗荷桐】

【抱き茗荷に花菱】

【入れ違い茗荷菱】

【稲垣茗荷】

【揚羽茗荷蝶】

【抱き茗荷に三つ星に一】

【抱き茗荷菱】

【細輪に稲垣茗荷】

【変わり茗荷蝶・1】

【抱き茗荷に橘】

【丸に陰陽抱き茗荷】

【田村茗荷】

【変わり茗荷蝶・2】

【糸輪に豆抱き茗荷】

【変わり花抱き茗荷 1】

【違い茗荷】

【茗荷胡蝶】

【隅切り角に抱き茗荷】

【変わり花抱き茗荷 2】

【入れ違い茗荷】

【三つ追い茗荷に剣片喰】

【変わり抱き茗荷崩し】

【一つ茗荷の丸】

【一つ花茗荷】

【三つ追い茗荷に蔦】

【三つ追い茗荷】

【一つ蔓茗荷の丸】

【一つ落ち花茗荷】

【三つ追い茗荷に四つ目】

【丸に三つ追い茗荷】

【蔓茗荷の丸】

【三つ花茗荷】

【三つ盛り抱き茗荷】

【三つ蔓茗荷】

【三つ組み茗荷】

【花茗荷の丸】

【頭合わせ六つ茗荷】

【三つ茗荷巴】

【三つ茗荷崩し】

【茗荷枝丸】

稲紋

古来、生活や食の中心であった稲。その実である米は、今でも日本の食文化の中心をなしている。五円玉の意匠や伏見稲荷大社の神紋が有名であるが、家紋に掲げている家の多くは熊野信仰に由来する。

熊野信仰と深い関わりのある稲《いね》紋

インドのアッサム地方から中国の雲南地方が原産と言われる稲は、イネ科イネ属の一年草である。日本では弥生時代から稲を栽培し、実を主食としている。

稲紋を家紋としているのは、鈴木氏が最も多い。これは熊野三山の信仰に由来している。熊野三山の由来を記した『熊野権現縁起』の中に、祖神を勧請した奉仕者が稲を奉って〝穂積〟の名字を賜ったという記述がある。穂積は積んだ稲穂のことであり、熊野地方ではこれを〝ススキ（鈴木）〟と呼んだ。熊野信仰が広まり、分祀や勧請が行われるに連れて、関係する神職などが諸国に移り住んでいったことで稲紋の鈴木姓が広まっていったという。

【抱き結び稲】

【二つ追い稲の丸】

【変わり抱き稲の丸】

【結び付き抱き稲】

【抱き稲】

【右廻り稲の丸】

【変わり包み抱き稲】

【稲荷抱き稲】

【二つ稲穂の丸】

【糸輪に束ね稲】

【抱き稲に武田菱】

【抱き稲に鎌】

【包み違い抱き稲】

【違い稲】

【抱き稲に三つ銀杏】

【抱き稲に対い雀】

【垂れ穂抱き稲】

【稲蝶】

【抱き稲の中に梅鉢】

【抱き稲に片喰】

【二つ穂変わり抱き稲】

【稲鶴】

【抱き稲に橘】

【抱き稲に桔梗】

【抱き稲の苗】

【一本稲の丸】

【抱き稲に三つ星】

【抱き稲に花菱】

【丸に変わり抱き稲の笠】

楓紋

秋に葉を紅色に色づかせる楓は、紅葉とも言われる。紅葉は赤ん坊の手と言われるように、葉は手のひらのような形をしている。平安貴族が衣装の文様に用いたことから、家紋に転化した。

風雅を愛した貴族が家紋とする楓《かえで》

楓は、カエデ科カエデ属の総称である。そのため、同じくカエデ類のイロハモミジも、楓と称される。

葉の形が手のひらに似ており、秋になると紅色に紅葉して落葉する。奈良時代には観賞用に栽培され始め、江戸時代に爆発的に増加したという。日本各地に紅葉の名所があるが、栃木県の日光や埼玉県の秩父ではさまざまな品種が見られる。

紅葉の美しさは『万葉集』に和歌に詠まれるほど人々の心を魅了し、平安時代の貴族は、その風雅を愛したようだ。有名な平安歌人の一人、藤原俊成が、楓円の紋章を牛車に描いていたと『大要抄《たいようしょう》』に記述がある。平安時代には、文様として扱われていた様子がうかがえる。

楓の家紋としては、藤原北家閑院流に当たる公家・今出川氏の**「丸に三つ楓」**が有名である。戦国武将では伊予（愛媛県）の土居氏が**「一つ楓紋」**を、古市氏が**「楓に菊紋」**、清和《せいわ》源氏の市川氏や桓武《かんむ》平家の高山氏、大和（奈良県）の秋山氏などが用いていた。

静岡県の秋葉神社は、御神体山が古くから紅葉の名所であることから、七葉紅葉を神紋として用いている。他には、周辺が古来紅葉の名所で、帝が五穀豊穣を願い、竜田川の神に祈願し叶ったお礼に龍田大社が建立されたことから、奈良県の龍田大社が、**八葉紅葉**を神紋としている。

この二社に関わる神職の家系や氏子にも、楓紋を掲げる家が多い。

【実付き三つ楓】

【違い楓】

【雪輪に楓】

【丸に楓】

【楓桐】

【割り楓】

【糸菱に総覗き楓】

【陰楓】

【楓蝶】

【割り楓菱】

【菱楓】

【中輪に楓】

【竜田楓】

【丸に立ち楓】

【抱き楓】

【石持ち地抜き楓】

【楓枝丸】

【尻合わせ三つ楓】

【杏葉楓】

【細輪に覗き楓】

柊紋

端がノコギリのようなギザギザになっている葉が、鬼祓いの効果があるとされる柊。『古事記』では、日本武尊が東国平定のために賜った矛とされている。江戸時代以降に家紋に用いる家が増えた。

敵を打ち破るという縁起を担ぐ柊《ひいらぎ》

柊は、東アジア原産のモクセイ科モクセイ属の常緑低高木で、日本では福島県以南の山地に分布する。葉はノコギリのように鋭いぎざぎざがある。10～11月に花が開き、キンモクセイのような香りを辺りに漂わせる。

古くから節分の時に、この柊にイワシの頭を刺して玄関先に魔除けとして飾られる。これは鬼が柊の葉の棘《とげ》と、イワシの頭の匂いを嫌うためだと言われている。

また、日本最古の歴史書の『古事記』には、日本《やまと》武尊《たけるのみこと》が東国平定の際に、〃比比羅木《ひひらぎ》の八尋矛《やひろのほこ》〃を授けられた。これは柊の木を、敵を打ち破るための矛にしたものと推測される。

室町時代には安威《あたけ》氏、上原氏の二家しか家紋として用いていなかったが、戦国時代にはこの「魔を祓う」「敵を打ち破る」の縁起を担いで家紋に用いる家が増える。源頼義の家系で美濃国の地頭であった市橋氏の**「柊に打豆（市橋柊）」**紋と、武蔵七党丹党（平安時代後期に、東国へ移住した武士集団の丹治氏の末裔）の大関氏の**「抱き柊」**が、有名である。

大関氏の場合は、所領鎮守のために柊明神を勧請した経緯を持ち、その信仰の象徴として柊紋を用いたと言われる。

節分の時に魔除けとして飾られる柊

【違い柊】

【三つ柊】

【抱き柊菱】

【一つ柊】

【市橋柊】

【三つ追い柊】

【雪輪に抱き柊】

【丸に一つ柊】

【江原柊】

【三つ柊巴】

【割り柊】

【並び柊】

【大関柊】

【四つ追い柊】

【外割り柊】

【丸に並び柊】

【中野柊】

【柊輪】

【二つ柊巴】

【抱き柊】

柏紋

餡の入った餅を柏の葉でくるんだ柏餅で馴染み深い柏。古代には柏の葉は器の代わりに用いられ、土器の誕生以降は、神に供える食物を盛る器として用いられた。柏の家紋は神職の家系に多い。

神饌の器である柏《かしわ》に、神の加護を祈願する

柏はブナ科コナラ属の高木で、一年を通して瑞々しい青い葉を繁らしている。5月の節句に供えられる柏餅の葉が柏である。

柏の葉は肉厚で大きく、古代では食器の代わりに用いられていた。土器誕生後も神社では神に食物を供える時に柏葉を器に用いており、宮中では今なお祭礼の際の神饌の器は柏葉を用いている。

そのため柏紋は、神職の末裔にあたる家が多い。例えば皇大神宮（伊勢神宮・内宮）の神職であった久志本氏、熱田神宮の大宮司であった千秋氏など。

公家では祭祀を司った卜部氏と、その後裔で吉田神道を唱えた吉田氏などがいる。武家では土佐藩（高知県）の藩主山内氏の**「丸に土佐柏」**が有名。

【三つ柏】

【蔓源氏柏】

【片手蔓柏】

【丸に三つ柏】

【蔓柏】

【蔓巻き柏】

【丸に土佐柏】

【陰蔓柏】

【蔓柏片喰】

【折れ柏】

【柏揚羽蝶】

【抱き柏】

【柏巴】

【柏鶴】

【蔓柏蝶】

【陰陽抱き柏】

【鬼柏巴】

【結び柏】

【二葉柏蝶】

【細抱き柏】

【三つ追い重ね柏】

【揺り結び柏】

【九枚柏】

【中川柏】

【違い柏】

【三つ持ち合い結び柏】

【三つ柏枝丸】

【三つ蕾蔓柏蝶】

【丸に並び柏】

梶紋

カジノキは、紙の原料となる植物。古代にはカジの葉は神饌を供える器や祭具として用いられた。平安時代には七夕の際に願い事を記して捧げていた。この神聖な葉が図案化され、諏訪大社の神紋となっている。

諏訪信仰とともに広まった紋

梶《かじ》は、クワ科カジノキ属の落葉高木で、その樹皮が紙の原料になる。老成した木の葉は大きな卵形で、若木は掌形のような大きな葉である。

古代では柏《かしわ》と同じく神饌を供える器や、祭祀の際の祓え具としても用いられた。平安時代の七夕の儀式では、梶の葉に願い事を書いて捧げていた。

鎌倉時代の歴史書『吾妻鏡《あづまかがみ》』には、石橋山の戦いへ加勢に向かう途中、甲斐《かい》源氏の一条忠頼のもとに、梶の葉の直垂を着けた諏訪大社の使いが現れたという女性が、陣中見舞いに来る記述がある。

長野県にある諏訪信仰の総本宮である諏訪大社の神紋が**「諏訪梶」**と呼ばれる梶紋で、信仰の広まりとともに守護を祈願した氏子が家紋に用いた。

【諏訪梶・諏訪大社神紋】

【平戸梶】

【安部梶の葉】

【梶の葉】

【細平戸梶】

【鬼梶の葉】

【丸に梶の葉】

【丸に平戸梶】

【鬼梶の葉菱】

【丸に諏訪梶の葉】

【割り平戸梶】

【違い梶の葉】

【抱き梶の葉】

【梶枝丸】

【三つ割り梶の葉】

【三つ追い梶の葉】

【抱き鬼梶の葉】

【梶の葉飛び蝶】

【三つ割り鬼梶の葉】

【三つ立ち梶の葉】

【陰抱き梶の葉】

【梶の葉鶴】

【梶の花】

【尻合わせ三つ梶の葉】

【入れ違い梶の葉】

【梶の葉桐】

【杏葉梶】

【割り梶の葉】

【外割り梶の葉】

銀杏紋

街路樹や神社、寺社などでよく目にする銀杏。20～30メートルの高さに成長し、秋になると黄色に色づく葉が特徴の広葉樹である。家紋もその特徴的な葉が図案化されている。

御神木の加護を得る家紋の銀杏《いちょう》紋

銀杏は、イチョウ科イチョウ属の広葉樹で、雄しべだけがつく雄株と、雌しべをつけて実がなる雌株の二種がある裸子植物である。

一説には平安時代から鎌倉時代に、中国から伝来したと言われる。銀杏が火に強いことから、神域を火から守る防火樹として、神社や寺院の境内に植えられるようになった。老成し大木になった銀杏は、御神木として祀られているものもある。

図柄は銀杏の葉を1枚、もしくは数枚用いて図案化している。

このイチョウの葉を家紋としたのが、室町時代の西郡《にしごおり》氏である。有名な人物では、徳川家康の父・松平広忠が**「剣銀杏」**を用いていたと言われる。

【立ち銀杏の丸】

【糸輪に一つ銀杏】

【一つ銀杏巴】

【丸に立ち銀杏】

【銀杏鶴】

【割り銀杏】

【丸に変わり一つ銀杏】

【丸に銀杏鶴】

【三つ割り銀杏】

【三つ銀杏】

【浮線銀杏】

【二つ軸違い銀杏】

【四つ割り銀杏】

【四つ銀杏】

【軸違い三つ銀杏】

【追い掛け二つ銀杏】

【対かい銀杏】

【五つ銀杏】

【銀杏蝶】

【三つ立ち銀杏】

【抱き銀杏】

【六つ銀杏】

【銀杏枝丸】

【変わり三つ銀杏】

【二つ剣銀杏】

【飛鳥井銀杏】

【雪輪に三つ銀杏】

【陰陽銀杏】

【三つ剣銀杏】

片喰・酢漿草紋

片喰（酢漿草）の葉は、クローバーと呼ばれるシロツメクサに似たハート形をしている。文様として衣服や調度品に施されていたものが、家紋として用いられるようになった。

身近な植物で、曲線の美しい片喰《かたばみ》紋

片喰はカタバミ科カタバミ属の植物で、田の畦《あぜ》や道端などに生える多年草である。葉の一辺が食い込んでいるように見えるから「片喰」、葉を嚙むと酸味があるため「酢漿草《かたばみ》」と、さまざまな表記や呼ばれ方がある。

ハートが三つ集まったような葉の形が図案化されたもので、衣装や牛車の文様として用いられた。公家御子左《みこひだり》一門の冷泉《れいぜい》家が用いた。戦国時代には四国を統一した長宗我部《ちょうそかべ》氏が**「七つ片喰（丸に六つ割り片喰）」**を用いている。これは長宗我部氏の始祖である秦能俊が土佐国（高知県）の地頭として赴任する際、天皇から賜った盃に片喰が浮かんでいたことが由来だという。

【片喰】

【捻じ片喰】

【剣片喰】

【片喰崩し】

【光琳片喰】

【亀甲形太剣片喰】

【細片喰】

【糸輪に覗き片喰】

【剣一つ片喰】

【浮線剣片喰】

【三つ組み片喰】

【八重結び片喰】

【結び片喰】

【片喰蝶】

【中陰三つ割り剣片喰】

【八重片喰】

【中陰結び片喰】

【片喰揚羽蝶】

【三つ追い亀甲形剣片喰】

【熨斗剣片喰】

【蔓結び片喰】

【折れ片喰】

【七つ片喰】

【蔓片喰】

【糸輪に蔓片喰】

【変わり姫路片喰】

【片喰枝丸】

【双蔓片喰】

【中輪に鐶片喰】

竹・笹紋

天に向かって力強く伸びる竹の姿は、天と地を結ぶ柱と考えられていた。そのため竹は神事の結界を作るとされ、『古事記』によると天宇受賣命は天岩屋戸の前で笹の枝を持って踊ったと言われる。

関東管領家とのゆかりが深い紋

竹と笹は、ともにイネ科の多年生植物である。古くは竹の小型種を笹と呼んだ。

天に向かって伸びる竹は、天と地を結ぶ〝橋（梯・柱）〟と考えられた。そのため、地鎮祭や田植祭などの祭祀では、神が降臨する場を作る柱として四方に立てられる。また、『古事記』では笹を手に天宇受賣命《あめのうずめのみこと》が踊り、天岩屋戸《あまのいわやと》に籠もった天照《あまてらす》大御神《おおみかみ》を外へ誘い出している。

この神聖性を家紋に取り入れたのが、勧修寺《かじゅうじ》氏である。越後上杉家の家紋は、足利尊氏の祖父・勧修寺（上杉）重房の末裔の上杉憲政から家名とともに譲られたものである。また奥州伊達氏の笹紋は、親戚の証として上杉家から贈られたものである。

【切り竹に笹】

【五枚笹竹の丸】

【細竹丸に三羽雀】

【竹直違】

【篠笹竹の丸】

【竹輪に三つ雀】

【竹林竹】

【変わり竹丸】

【若竹枝菱】

【宇和島笹】

【根笹】

【三枚笹】

【変わり切り竹】

【米沢笹】

【変わり根笹】

【五枚笹】

【三つ竹輪違い】

【鳥居笹】

【勧修寺笹】

【九枚笹】

【丸に筍】

【笹丸に飛び雀】

【上杉笹】

【対かい十枚笹】

【中輪に三本筍】

【笹の丸】

【仙台笹】

【笹車】

【長谷川筍】

松紋

竹や梅とともに、古くから縁起のいい植物とされる松。正月には、歳神を迎える飾り物「門松」として玄関先に飾られている。古くから私たちの生活に密着している植物の代表である。

神が宿《やど》る長寿の木の御利益に預かる紋

松《まつ》は、マツ科の植物の総称である。中でも黒松が海岸沿いや公園などでよく目にする馴染み深い松である。

正月に玄関先に飾る門松は、年の恵みを授ける歳神を家に迎える飾りである。これは、松の木に神霊が降臨すると信じられたことからきている。この神聖性と長寿の植物である縁起から、松葉や松笠、松全体を図案化した文様が、調度品や絵巻物などに描かれるようになった。

室町時代には松田氏、寒川氏、福家氏、飯田氏、羽床氏、香西氏が、江戸時代には西尾氏が**「櫛松」**を用いている。この他には松田や松井など、名字に松の入る家が家紋としていることが多い。

【一つ松】

【光琳松】

【三階松】

【櫛松】

【二階松】

【光琳三階松】

【西尾櫛松】

【対い松】

【今宮三階松】

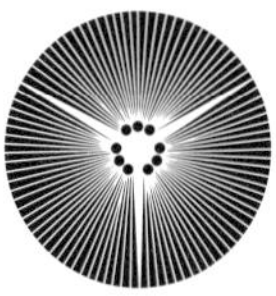
【三つ割り唐松】

【三つ松笠巴】

【三本松】

【丸に左三階松】

【三つ唐松菱】

【抱き若松】

【高砂松】

【雪輪に出三階松】

【四つ若松】

【割り若松】

【松笠】

【三つ松】

【三つ追い松葉の丸】

【丸に立ち若松】

【抱き松葉に松笠】

【頭合わせ三つ松】

【松葉柏】

【松竹梅】

【中村松笠】

【三つ松に寿の字菱】

杉紋

屋久島の杉の森などのような天然の杉林が、古代の日本には多く存在していた。杉は天に向かって真っ直ぐ伸びる長寿の樹木であり、特に大きな杉は古くから神の宿る木とされた。

三輪神の末裔、もしくは酒造家に多い紋

杉《すぎ》は、古くから日本各地に自生していたスギ科スギ属の常緑高木である。屋久島には樹齢2600〜7200年と言われる縄文杉をはじめとした屋久杉の森がある。伊豆では3000年前の地層から杉の化石が出土している。

奈良県の大神《おおみわ》神社は三輪山を御神体として祀り、山の杉は神が宿る杉〝神杉〟とされた。奈良時代の和歌集『万葉集』に三輪山の神杉を詠んだ和歌がいくつも収録されており、当時から〝杉《すぎ》の社《やしろ》〟として有名で、神紋は**「三本杉」**である。この大神神社の主祭神・三輪神を祖神とした大神氏（三輪氏）の家系が杉紋である。また、三輪神は酒造の神であり、酒造に関係した家も用いている。

【一本杉】

【並び杉】

【杉巴】

【光琳一本杉】

【三本杉】

【五本杉】

【本田一本杉】

【社頭の杉】

【中輪に三つ鱗杉】

芦紋

『古事記』などの日本神話では、日本列島を「葦原中国」と表現している。それほど芦は古くからある植物であることがわかる。清和源氏の流れをくむ石川氏などが家紋に用いている。

楚々とした風情が文人、武人に愛された

芦《あし》はイネ科ヨシ属の多年草で、北海道から九州の湿地帯に分布する、薄《すすき》に似た背の高い植物である。言葉が「悪し」に通じることから、縁起を担いで「ヨシ（良し）」と言い換えられることもある。

『古事記』や『日本書紀』では、日本国を〝葦原中《あしはらのなかつ》国《くに》〟や〝豊葦原《とよあしはら》〟と表現するほど、芦が豊かに繁る土地であった。

水辺にたたずむ芦の楚々とした風情が好まれ、平安時代末期には文様化されて、戦国時代には武将が鞍や鐙《あぶみ》などにあしらっていた。

家紋としては武田氏支流の新見氏、小笠原氏支流の飯塚氏、清和源氏の流れをくむ石川氏、日下部氏の流れをくむ日下氏などが用いている。

【新見芦】

【三つ芦の葉】

【違い芦】

【違い芦の葉】

【石川芦】

【割り抱き芦】

【丸に違い芦の葉】

【芦の丸】

【変わり抱き芦】

瓜紋

「瓜売りが瓜、売り歩いて…」という早口言葉が懐かしい瓜は、真桑瓜のことを言う。見た目は細長い小さなスイカのようで、切るとメロンのようである。家紋は瓜と瓜枝、葉を図案化したものなどがある。

埼玉県を中心とした関東地方に多い紋

西瓜《すいか》、胡瓜《きゅうり》、南瓜《かぼちゃ》というように、ウリ科の植物には総じて「瓜《うり》」の字が当てられる。ただ瓜という場合は、昔は「真桑瓜《まくわうり》」を差していた。縄文時代から食べられていたメロンの一種で、見た目は細長い小さな西瓜のようである。岐阜県真桑村で盛んに栽培されていたことから、真桑瓜の名がついたという。

鎌倉時代に文様として用いられ、室町時代の家紋帳『見聞諸《けんぶんしょ》家紋』には瓜生氏の家紋として記録されている。瓜紋は埼玉県、茨城県、栃木県などの関東地方に多い。これには武蔵国の武士団・武蔵七党野与党の多賀谷氏や箕勾氏が**「瓜紋」**を使用していたことが関係していると考えられる。

【軸のせ瓜】

【糸輪に五つ真桑瓜】

【瓜の花 1】

【菱に葉付き瓜】

【瓜の枝丸】

【瓜の花 2】

【丸に三つ蔓真桑瓜】

【抱き瓜】

【南瓜に松葉菱】

瓢・瓢箪紋

中央がくびれている実が特徴的な瓢箪。外皮が固く丈夫なことから、水や酒、穀物を貯蔵する容器として用いられた。紋は瓢箪の実を図案化したもので、丸に瓢箪などがある。

福を運び込む入れ物として縁起を担ぐ

瓢箪《ひょうたん》はウリ科の植物で、夕顔《ゆうがお》の栽培変種である。実の外皮が固く丈夫なため、穀物入れや酒器、水筒などに加工された。この入れ物を瓢《ひさご》、または瓠《ふくべ》と呼んだ。

古代では籾を保存する容器に、瓢が用いられていた。稲は生命を繋ぐ食べ物で、籾を保存する瓢には神霊が宿ると考えられていた。稲作の神である御歳神《おとしがみ》を祀る岐阜県の飛騨一宮水無神社は、神紋が六つの瓢が寄せ集まった**「水瓢箪」**である。

また、瓠《ふくべ》の音から福瓮《ふくべ》（瓮は酒などを入れる容器という意味）ととらえられ、福を入れるめでたい入れ物として縁起を担がれた。江戸時代以降に広まった家紋の一つである。

【丸に瓢】

【丸に三つ盛り瓢】

【五つ瓢】

【瓢の丸】

【三つ追い瓢】

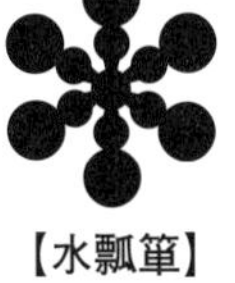
【水瓢箪】

【割り瓢】

【三つ割り瓢に瓢】

【八つ捻じ瓢】

茶の実紋

日本の食生活になくてはならない緑茶の原材料の茶は、仏教とともに最澄によって日本に伝来した。家紋には、実と葉を図案化したものが用いられており、仏教の教えが含まれている。

茶道の普及とともに発展した家紋

緑茶などの原材料である茶は、中国東南部やインドなどが原産のツバキ科ツバキ属の植物である。日本へは奈良時代に仏教とともに伝来し、平安初期に最澄《さいちょう》が唐（中国）から茶の実と栽培法を持ち帰ったと言われている。

鎌倉時代には臨済宗の開祖・栄西《えいさい》が、茶の効能を説いた『喫茶養生記《きっさようじょうき》』を著している。彼は茶道の開祖と言われ、以降、臨済宗の寺院を中心に禅の教えを含んだ精神性を重視する茶道へと発展する。

家紋の茶の実にも仏教が含まれている。**一つ実**は阿弥陀仏を、**三つ実**は阿弥陀仏、観音菩薩、勢至菩薩の三尊を表しているという。茶道の普及とともに、江戸時代に家紋として用いる家が増えた。

【丸に葉なし三つ茶の実】

【光琳二つ茶の実】

【一つ茶の実】

【四つ茶の実】

【二つ割り茶の実】

【抱き葉茶の実】

【六角三つ茶の実】

【三つ花茶の実】

【枝茶の実】

南天紋

冬に小粒の赤い実を実らせる南天は、正月飾りなどのお祝い事の飾りに欠かせない植物である。江戸時代に園芸品種として流行するとともに、図案化されて家紋として用いられた。

難を転ずるという縁起を担ぐ南天《なんてん》紋

南天は、メギ科ナンテン属の中国原産の低木常緑樹である。11～12月に赤や黄、白の実をつける。葉はせき止めの生薬に、乾燥させた白い実は喘息を治める漢方薬として扱われる。関東より西に多く分布するが、平安時代に中国から渡来した栽培品種が野生化したものと言われる。

南天は響きが「難を転ずる」に通じることから、縁起のよい木として親しまれた。『和漢三才図会《わかんさんさいずえ》』という江戸時代の百科事典に、庭に植えれば災難除けに効果があるとの記述があるほどである。

江戸時代の園芸文化の隆盛とともに、縁起の良さから家紋としても用いられるようになったようだ。東京を中心とした首都圏に多く分布する。

【南天車】

【抱き南天】

【南天枝丸】

【三つ葉南天】

【対い南天】

【雪輪に南天】

【南天桐】

【三つ追い南天】

【浮線南天】

芭蕉紋

バナナによく似た大きな葉をつける芭蕉は、葉が葉脈にそって破れやすい。風に吹かれただけでも破れるその儚さに松尾芭蕉は哀れを感じ、俳号としたと言われる。武家が必勝祈願に馬印として用いた。

必ず破るという必勝祈願として馬印に用いた

芭蕉《ばしょう》は、中国南部原産のバショウ科バショウ属の植物である。バナナと同種の植物であるが、日本品種は実をつけない。

芭蕉の葉は、風に吹かれたくらいで簡単に破れてしまう。松尾芭蕉はその儚《はかな》さを愛し、深川の草庵に芭蕉を植え俳号としたと言われる。

家紋としては、明治以降に用いられるようになったといわれるが、戦国時代には福島正則などの武将が好んで馬印としていた。

『平家物語』の「木曽山門牒状」の段に木曽義仲《きそよしなか》の戦いの様子を「秋風が芭蕉を破るように、攻めれば必ず勝利した」という表現がある。武将の馬印は、必勝祈願の縁起を担いだと思われる。

【破れ芭蕉】

【抱き芭蕉】

【三枚抱き芭蕉】

【三つ芭蕉】

【折れ芭蕉丸】

【三つ折れ芭蕉】

【折れ芭蕉】

【三つ追い芭蕉】

【三つ芭蕉巴】

河骨紋

河骨は浅い池や沼に生え、夏に黄色い花を咲かせる水生植物である。家紋は葉を図案化したもので、一見葵紋によく似ている。実物の葉は、里芋の葉を細長くしたような形である。

葵《あおい》紋の代わりに江戸時代に誕生した紋

浅い池や沼などに自生する河骨《こうほね》は、スイレン科コウホネ属の水生植物である。水中に伸びる節くれだった太い根が、白骨のように見えるので、「河骨」という名がついたらしい。

「河骨紋」は、一見葵《あおい》紋とよく似ている。しかし、主脈が必ず通っているところが、葵紋との違いである。実物の河骨の葉は、葵紋の基になっている二葉葵とはあまり似ていない。葉の形は細長いハート型のようで、どちらかと言えば里芋の葉によく似ている。

江戸時代以前に河骨紋を用いている家の例がないため、徳川家が葵紋の使用制限をした以降に、代替えとして誕生した紋と考えられている。

【河骨菱】

【三つ割り花河骨】

【河骨の枝丸】

【四つ蔓河骨】

【剣河骨】

【河骨に水】

【中輪に一つ河骨】

【三つ河骨】

【頭合わせ五つ河骨】

棕櫚紋

熊手のような形をした葉が特徴の棕櫚。エキゾチックな風貌をしているが、古くから九州地方に自生していた植物である。神霊を招き寄せる聖木であり、富士山本宮浅間大社の神紋に用いられている。

神聖なる木に神霊の加護をもとめる

棕櫚《しゅろ》は、ヤシ科シュロ属の常緑樹である。エキゾチックな風貌の樹木であるが、葉が下に垂れさがる和棕櫚《わじゅろ》は、古くから九州地方に自生していた品種である。

棕櫚は祭祀などで神霊を招く招代《おぎしろ》として用いられ、神聖な木として神紋に取り込まれた。静岡県の富士山本宮浅間大社《せんげんたいしゃ》の神紋は、この棕櫚の葉であり、浅間大社に関係する神社も同じである。この浅間大社の宮司家であった富士氏が、家紋として用いていることが『太平記』や『羽継原《はねつくはら》合戦記』に記録されている。

江戸時代には佐々氏、白戸氏、米津氏が用いており、現在では富士山の周辺県で用いる家が多い。

【一つ立ち棕櫚】

【抱き棕櫚】

【変わり抱き棕櫚】

【長講棕櫚】

【加納抱き棕櫚】

【対い棕櫚菱】

【米津棕櫚】

【入れ違い割り棕櫚】

【棕櫚枝丸】

萩紋

初秋に紫紅色の蝶のような花をつける萩は、秋の七草の一つに数えられる。植物が冬に向けて閑散としていく中で可憐な花をつける姿に、古くから風流人の間で愛され続けてきた。

桓武《かんむ》平氏系の代表紋の一つの萩《はぎ》紋

秋に蝶のような花を咲かせる萩は、マメ科ハギ属の総称である。古くから風流人の間で愛されていた。奈良時代の和歌集『万葉集』では、萩を詠んだ歌が最も多く収録されている。

出雲大社所蔵の『秋野鹿蒔絵《あきのしかまきえ》手箱《てばこ》』のように、器材や衣装、絵巻物などに萩文様は多くあるが、家紋として用いていた家は少ない。

江戸幕府が編纂した大名・旗本の系譜集『寛政重《かんせいちょう》修諸家譜《しゅうしょかふ》』には、伊勢平氏・貞衡《さだひら》流の杉原氏、大江氏流の吉川氏、清和源氏支流の富地氏の三家しかない。ちなみに杉原氏は、豊臣秀吉の正室・高台院の実家である。現在では杉原氏庶流の家系や名字に「萩」を含む家で多く用いられている。

【丸に九枚萩】

【萩の枝丸】

【束ね萩】

【抱き割り萩】

【変わり萩の丸】

【抱き萩】

初秋に赤紫の花を咲かせる萩。愛らしい風情のある花が好まれ、万葉歌人たちがこぞって和歌を詠んだ

【花付き抱き萩】

榊紋・薄紋

神社で御祓いを受ける時に見かける玉串は、主に榊の枝を用いている。神道とゆかりの深い植物である。薄は秋の七草の一つであり、仲秋の名月の時の飾りなどに用いられ、尾花とも呼ばれる。

特定名字の分布と重なる家紋

玉串などに用いられ、神事には欠かせない榊《さかき》は、ツバキ科サカキ属の常緑低木である。

榊が神事に用いられるのは、『古事記』の天照大御神《あまてらすおおみかみ》が天岩屋戸《あまのいわやと》に隠れた時、天香具山《あまのかぐやま》から榊（古事記では真賢木《まさかき》）を引き抜いてきて飾ったことによる。

薄《すすき》はイネ科ススキ属の多年草で、尾花とも呼ばれる。秋風に靡《なび》く穂の情緒的な風情が、古くから愛されてきた植物である。

榊は紀伊国熊野神社神職家であった鈴木氏と同族の穂積氏が、主に用いている。薄は武蔵七党児玉党の大河原氏が主に用いている。どちらの紋も氏姓と関係が深く、榊は氏の起源である和歌山県に、薄は大河原氏姓が分布する埼玉県、群馬県、福島県に多い。

【立ち榊】

【榊に幣】

【薄に露】

【丸に立ち榊】

【榊丸】

【薄の丸】

【丸に鈴榊】

【雪輪に薄】

【薄輪に豆桔梗】

蓮紋

釈迦が誕生した時に花が咲いたという蓮は、インド地方原産の水生植物である。仏像の台座の蓮華座や荷葉座は蓮の花や葉をモチーフにしたもので、文様も仏教に関連する器材や衣装にあしらわれてきた。

仏教に関連する家系、もしくは名字由来の家紋

蓮《はす》は、ハス科ハス属の多年生水生植物で、インドやパキスタン、ネパールなどのインド地方原産種である。花托が蜂の巣のように見えることから〝ハチス〟と呼ばれていたのが、言葉が詰まって〝ハス〟になったという。仏教伝来とともに、蓮の別名として〝蓮華《れんげ》〟が使われるようになった。

仏教の開祖・釈迦が誕生した時に花が咲いたと言われる蓮は、仏像の台座のモチーフになっている。他にも寺院の飾り瓦や墓石など、仏教に関連するものの装飾として蓮文様は扱われてきた。

家紋としての歴史は新しく、明治以降と言われる。祖先に仏教従事者がいる家や、名字に「蓮」の字がつく家が用いている。

【一つ蓮の花】

【割り蓮の花】

【細輪に五つ蓮の実】

【丸に一つ蓮の花】

【蓮の丸】

【真向き蓮の葉】

【立ち蓮の花】

【丸に蓮の葉】

虎杖紋

傷口の血止めと痛みを取る薬草であったことから、虎杖と呼ばれる。根は民間薬として用いられ、茎は食用に、春の新芽は山菜として親しまれている。武蔵七党の丹治氏一族が用いていた。

武蔵七党丹治氏一族の代表家紋

虎杖《いたどり》はタデ科ミチヤナギ属の多年草で、葉を揉んで傷口に塗ると止血作用があり、痛みを抑えることからイタドリの名がついたという。別名のスカンポは、太くて柔らかい茎を折った時の音と酸味があることに由来する。

虎杖紋は葉と花が図案化されたものである。用いていたのは武蔵七党の丹治氏と一族の中山氏、黒田氏、加治氏、大河原氏、島村氏などである。

虎杖は古名をタジヒと言い、多治比古王《たじひこおう》の末裔であることを由来に、丹治氏一族が丹治という姓と虎杖を家紋に用いたと言われる。

現在でも丹治一族の中山氏の末裔が用いている家が多く、分布も勢力範囲であった場所に多い。

【虎杖】

【丸に虎杖】

【三つ割り虎杖】

【変わり虎杖】

虎杖はタデ科の多年草で、別名スカンポとも言われる。4〜5月頃の若葉、茎は山菜にされる。家紋は葉と花を図案化したものである

蕨紋

蕨の新芽は、春の山菜として馴染み深い。新芽の先はくるりと巻いていおり、その形が拳を握っているように見えることから「蕨手」とも呼ばれる。家紋は新芽を図案化したものが多い。

江戸時代から用いられた蕨《わらび》を図案化した家紋

春の到来を告げる山菜の一つである蕨は、シダ目コバノイシカグマ科ワラビ属のシダ植物である。新芽は食用になり、根から抽出したデンプン質は、蕨餅などの菓子に用いられる。

拳《こぶし》を突き上げたような新芽は〝蕨手《わらびで》〟と呼ばれる。その形を図案化した「蕨手紋」が、九州地方の装飾古墳（古墳内部の壁に文様が描かれている）で見ることができる。文様としては古くから成立していたようだが、家紋としては比較的新しい。

使用例が確認できるのは、江戸時代の家系譜『寛《かん》政重修諸家譜《せいちょうしゅうしょかふ》』で、宇多源氏佐々木家庶流《しょりゅう》の和田氏、藤原秀郷の系譜の上遠野氏、藤原氏支流の近藤氏である。

【石持ち地抜き三本蕨】

【蔓蕨の丸】

【花蕨】

【蕨巴】

【抱き蕨】

【丸に花蕨】

【三つ割り蕨】

【蕨車】

【丸に変わり花蕨】

桃紋

春にピンク色の花が咲き、夏に甘い実が熟す桃。古くから桃の実は邪気を祓い、寿命がのびる神仙の食べ物として信じられていた。家紋として用いている家も、桃の霊威にあやかった神職の家系が多い。

桃を家紋として神仙の霊威を取り込む

桃《もも》は、バラ科サクラ属モモ亜属の植物で、中国大陸中部が種の起源である。日本へは紀元前に伝わったと言われる。

『古事記』には伊弉諾尊《いざなぎのみこと》が黄泉《よみ》から葦原中国《あしはらのなかつくに》へ戻る際、追ってくる黄泉の者たちへ桃を投げつけて祓《はら》ったとある。当時から桃は神聖な果実と信じられていたようだ。中国でも桃の実は寿命を延ばす仙果であり、仙人の住む世界を桃源郷《とうげんきょう》と表現する。

この桃の長寿と邪気祓いの威力を取り込む意味で、家紋として用いられたと考えられる。用いている家は浅間神社の神職であった神尾氏など神職の家系、もしくは桃井のように名字に「桃」のつく家が多い。

【一つ桃】

【枝付き桃】

【割り桃】

【丸に一つ桃】

【葉付き三つ桃】

【三つ葉桃】

【丸に葉つき桃】

【丸に三つ盛り桃】

【丸に剣三つ桃】

梨紋・梨切口紋

秋を代表する果物の一つである梨は、日本原産の植物である。かつては縁起を担いで「有りの実」と呼ばれた。家紋は梨の花や果実の切り口を文様化したものではなく、架空の植物のものではないかという説がある。

図案化の由来が謎の梨《なし》・梨切口《なしきりくち》の家紋

秋に瑞々《みずみず》しい果実を実らせる梨は、バラ科ナシ属にあたり、日本梨は、日本原産品種と言われる。かつては梨の音が「無し」に通じることを嫌い、縁起を担いで「有りの実」と呼ばれていた。

家紋の「梨の花」「梨切口」は、梨の花や果実の切り口を図案化したものとされる。しかし、実物とはかけ離れたデザインをしている。梨紋は別名「唐梨」とも呼ばれるため、唐花紋と同じく空想上の植物を図案化したのではないかという説がある。現在では図案化の元祖と考えられる紋が不明であり、謎の多い家紋の一つである。

用いていたのは桓武平家大江氏の流れを持つ永井氏が代表的で、**「永井梨切口」**は独占紋であった。

【梨の花】

【梨切口】

【糸輪に豆梨切口】

【陰梨の花】

【永井梨切口】

【丸に三つ梨切口】

【三つ盛り梨の花】

【石持ち地抜き梨切口】

【三つ割梨切口】

葡萄紋

房状の果実を実らせる葡萄。奈良時代に中国を経由してシルクロードの宝物が輸入されると、装飾されていたエキゾチックな葡萄の文様が奈良・平安の貴族たちに好まれ流行し、家紋にも用いられるようになった。

松平五井氏が用いる西洋風のエキゾチックな家紋

葡萄《ぶどう》はブドウ科ブドウ属のつる性植物で、秋になると房状の果実を実らせる。日本にも葡萄の原種が自生していたが、食用にはならなかった。鎌倉時代に、中国から輸入された葡萄の種を用いて品種改良し、栽培した甲州ブドウが日本で最初の食用葡萄である。

正倉院の宝物の中に、葡萄文様が施された鏡や箱があることから、奈良時代に大陸美術として渡来したようだ。エキゾチックな葡萄文様は、当時の貴族たちに好まれ、着物や能衣装に用いられた。

家紋としては、松平五井氏が葡萄紋を用いている。これは、宗家の徳川氏の葵紋をはばかって葡萄紋を用いるようになったという説がある。

【葡萄の丸】

【一房葡萄】

【下がり葡萄 2】

【糸輪に葡萄棚】

【枝葡萄】

【葡萄桐】

【葡萄枝丸】

【下がり葡萄 1】

【三つ葡萄の葉】

粟紋・梔子紋

稲や麦と同じく古くから食料として栽培されていた粟は、実を結んだ形が図案化された。梔子は、強い芳香を放つ花を咲かせ、果実は漢方薬や染料にもなる。こちらは主に花が図案化されている。

近世に成立した新しい家紋で使用家は不明

粟《あわ》はイネ科エノコロクサ属の一年草で、古代から主食穀物の一つとして栽培されていた。その歴史は、稲作よりも古いという。実った穂と葉が図案化されており、芦紋《あしもん》と形がよく似ている。

梔子《くちなし》はアカネ科クチナシ属の常緑樹で、6〜7月に花が咲き、10〜11月頃にやや黄色みを帯びた赤い果実がなる。梔子の花は、香料に用いられるほど香り高い。果実は山梔子《さんしし》といって、消炎や利尿作用のある漢方薬として用いられる。また、黄色の染料にもなる。香りを象徴するように、花が図案化された紋である。

梔子紋は、近世に成立したものと思われ、用いている氏姓は不明である。

【粟の丸】

【一つ粟の丸】

【石持ち地抜き梔子】

【抱き粟】

【違い抱き粟】

【三つ割り梔子】

【丸に抱き粟】

【梔子】

【三つ横見梔子】

枇杷紋・柴紋・歯朶紋・芹紋

甘酸っぱい果実が初夏の訪れを告げる枇杷は、厄除けの木として尊ばれた。薪に使う小枝を集めた柴は、神を招く印とされた。歯朶はウラジロと呼ばれるシダ植物で、芹は春の七草に数えられる。

主に藤原氏流が用いた特徴的な家紋

枇杷《びわ》はバラ科ビワ属の中国原産の植物で、果実が琵琶に似ていることが名の由来。家紋は藤原秀郷流の山内氏、横田氏などが用いている。

柴《しば》は、背の低い雑木の総称。刈り取った柴を束ねた「結い柴」は、神を招く印として家の入口に立てる風習がある。藤原秀郷流の黒部氏が用いる。

歯朶《しだ》はシダ植物のことで、図柄はウラジロ（ウラジロ科ウラジロ属）である。武士が鎧《よろい》などに意匠した文様が家紋となり、鎌倉時代に摂津国（大阪府、兵庫県）の芥川氏が用いる。

独特な香りがする芹《せり》は、セリ科セリ属の多年草で、春の七草の一つ。紋は記載している形のみで、清和源氏流の土方氏、藤原氏が用いる。

【三つ枇杷の葉】

【丸に雪持ち束ね柴】

【歯朶菱】

【枇杷の丸】

【歯朶の丸】

【浮線歯朶】

【束ね柴】

【下がり歯朶】

【芹】

蕪紋・大根紋

ふっくらと丸い根をした蕪と、太くて長い根の大根は、ともに春の七草である。正月七日の七草粥の時に葉が粥の具として用いられ、食して無病息災を願う。古くから子孫繁栄の紋として、神紋に用いられた。

子孫繁栄を表す蕪と夫婦和合の神の供え物の大根

蕪《かぶら》はアブラナ科アブラナ属の根菜で、ヨーロッパ原産品種と中東原産品種がある。日本では縄文時代から栽培をしていたらしく、『日本書紀』には持統《じとう》天皇が栽培を奨励したという記述がある。

蕪という漢字は「草は生い茂り、広がる」という意味があり、子孫繁栄の印として家紋に用いられたようだ。清和《せいわ》源氏義光流の塚原氏などが代表的。

大根はアブラナ科ダイコン属の根菜。日本原産という説と、弥生時代に中国から伝来し、在来種と交雑して栽培品種を作ったという説がある。

大根は仏教の守護神で夫婦和合の神・聖天仏の供え物であり、信仰とともに広まったという。徳川五代将軍の母・桂昌院《けいしょういん》の養家、本庄氏が用いた。

【蕪】

【丸に二股蕪】

【割り大根】

【丸に六つ葉蕪】

【真向き大根】

【本庄大根】

【抱き蕪】

【大根の丸】

【違い大根】

徳川家康《とくがわいえやす》

天下人の家紋の変遷

徳川家康は天下統一後、後陽成《ごようぜい》天皇から菊紋と桐紋の下賜《かし》を受けるが、過去の将軍が下賜されており、権威がないと感じ、これを辞退。あくまでも徳川家家紋の葵紋にこだわった。

徳川将軍家の独占紋となった葵紋《あおいもん》

徳川家康は、豊臣秀吉の政権時代に三河《みかわ》（現・愛知県）、遠江、駿河（現・静岡県）、甲斐（現・山梨県）、信濃（現・長野県）を治めていたが、秀吉の命によって江戸（現・東京都）へ配置替えされた。

秀吉の死後、慶長5（1600）年、石田三成率いる西軍、徳川家康率いる東軍による天下分けめの関ヶ原の戦いが始まった。当初、西軍が有利だったが、西軍の小早川秀秋の裏切りで、一気に家康率いる東軍が優勢になり、勝利を収め、天下統一をはたした。

慶長8（1603）年、家康は征夷大将軍の宣下を受け、江戸幕府を開設した。その家康が家紋として用いたのは、葵紋である。後陽成天皇から太政大臣の任命とともに、菊紋、桐紋の下賜を受けたが、これを辞退している。葵紋は、賀茂御祖神社と賀茂別雷神社が祀る主祭神にまつわる神聖な植物で、徳川家康の家系である三河の松平氏も賀茂御祖神社の氏子だったことから、葵紋を使用している。しかし、家康が江戸幕府を開設した徳川家の独占紋となり、松平家は他の家紋を用いるようになった。

【三葉葵〈家康、秀忠、家光葵〉】

【三つ剣銀杏】

【徳川葵】

第六章

動物紋

鷹紋・鷹の羽紋／雀紋／鳩紋／鶴紋／雁金紋／千鳥紋・鴛鴦紋／烏紋・鶏紋・尾長紋／燕紋・鷺紋／蝙蝠紋・蜻蛉紋／百足紋／龍紋／鳳凰紋／蝶紋／鹿紋・鹿角紋／兎紋／馬紋／亀紋／海老紋・蟹紋／蛤紋／板屋貝紋／法螺紋・蠑螺紋

動物紋とは・・・

鳥類、獣類、昆虫、両生類、節足動物（水生）、貝類などの身近な動物から、伝統や空想上の生物を図案化した動物紋。瑞祥的な意義や尚武的な意義、信仰からくるものが多く、公家や武士が用いていた。

家紋の分類で二番目に多い動物紋

「動物紋」は、鷹《たか》や鶴《つる》、鹿《しか》、兎《うさぎ》、鳥などの鳥獣を中心に、蜻蛉《とんぼ》、蝶《ちょう》などの昆虫、両生類の亀、節足動物の海老《えび》、蟹《かに》、貝類などをはじめ、私たちの生活に密着しているものから、空想上の生物である龍《りゅう》や鳳凰《ほうおう》も含まれる。

動物紋の代表と言っても過言ではない、**鷹紋・鷹の羽紋**は、猛禽類の鷹を紋章にしたのが鷹紋で、羽根を図案化したのが鷹の羽紋である。武具的意味合いから、多くの武将が用いた。

雀《すずめ》は、ふだんから普通に見られる野鳥だが、愛らしい姿が家紋の図案に用いられた。公家の清閑寺《せいかんじ》家、坊城家などが使用家になる。

身近な野鳥である雀を図柄にした家紋

鳩は、古くは八幡信仰の八幡宮の神使であり、軍神である八幡大菩薩の使いとして、武士が好んで家紋にした。

鶴は古くから〝鶴は千年、亀は万年〟と言い、長寿の象徴とされ、現在も祝いの飾りなどになっている。家紋は鶴が羽を広げている姿や飛んでいる姿など、鶴の優雅さを図案化したものが多い。

鶴は、長寿の象徴として武士が好んで家紋に用いた

雁金《かりがね》とはカモ科の一種の雁《がん》のことである。古くは源義家《みなもとのよしいえ》が雁の飛ぶ群が乱れていることで、敵が近くに潜《ひそ》んでいることを知り、作戦を変更して戦《いくさ》に勝利したことから、縁起のよい鳥とされた。それ以降、家紋に用いられている。

他の鳥を使用したものでは、海などの水辺で見られる**千鳥**《ちどり》、雌雄が一対でおり〝夫婦和合〟の象徴とされる**鴛鴦**《おしどり》、神武《じんむ》天皇の東征の際に大和への道案内をした**八咫烏**《やたがらす》。この八咫烏は熊野三山の神使にもなっている。害虫を捕食するため益鳥とされる**燕**《つばめ》、古くから尾羽が矢の矢羽根に用いられた**鷲**《わし》などが家紋に用いられている。

昆虫を図案化したものでは、身近に見られる**蜻蛉**がある。蜻蛉は前に進むため〝勝ち虫〟と言われ、武士が好んで家紋に用いた。動物紋を代表する家紋の一つに、**蝶紋**がある。中でも桓武《かんむ》平氏の揚羽蝶《あげはちょう》が有名。江戸時代には300家以上が蝶紋を用いたという。

桓武平氏の家系が多く用いる揚羽蝶。「蝶紋」は、紋章のバリエーションも豊富である

白鹿は古くから神の乗り物とされた。その鹿を図案化した**鹿紋**、角をあてて戦う姿の尚武的な意義から、鹿の角《つの》を図案化した**鹿角紋**がある。

兎は、中国や日本の伝説、神話などに登場する。そのため信仰的な意義や、馴染み深いことから家紋に用いられる。藤原秀郷流の氏族が使用する。

馬は、古くから神の乗り物とされ、神事に奉納された。また、戦にかかせないものであり、農耕でも活躍した。家紋としては、桓武平氏良将相馬氏の相馬繋ぎ馬や走り馬が有名。

龍と**鳳凰**は、空想上の生物だが、古くから多くの伝説が残る。中国では龍は皇帝の紋章とされた。鳳凰は幸運を運ぶ瑞鳥とされる。両方とも天皇や貴族たちが文様とした後、武士たちが家紋に用いている。**百足**《むかで》は、神の毘沙門天の使いで後退せず常に前進すると、武士が用いた。

亀は長寿の象徴として、また、北方を守る玄武《げんぶ》として家紋に用いられた。**海老**は、髭が長く、腰が曲がっているのが長寿の象徴とされ、瑞祥紋とされた。**蟹**の甲羅《こうら》が鎧甲《よろいかぶと》をまとった武将にあい通じるとして、家紋に用いられた。貝類は、瑞祥的な意義や尚武的な意義などから家紋に用いられた。

鷹紋・鷹の羽紋

鷹そのものを図案化した鷹紋。猛々しさが家紋に好まれた。鷹の羽紋は名のごとく、鷹の羽を図案化したもの。古くから矢の矢羽根に用いられた武具のため、多くの武将が家紋に用いた。

強さを象徴するため武将が用いた人気の紋

鷹《たか》は、タカ科の猛禽類《もうきんるい》である。古くから飼い慣らされた鷹を使った鷹狩りがされていた。鷹紋はそんな鷹を紋章化したもので、図柄は止まり木にいる鷹、木に止まる鷹、羽を広げ丸を作る鷹の丸などがある。使用家は『見聞諸《けんぶんしょ》家紋』で見ると、長谷川氏になる。現在では池田氏、高岡氏などが用いている。

鷹の羽は、古くから矢の矢羽根に使われ、武具の意味合いがあり、多くの武将が用いている。中でも阿蘇神社の氏子である菊池一族が、**並び鷹の羽**を用いている。他には**丸に一つ鷹の羽**、**違い鷹の羽**など多くのバリエーションがある。使用家は、後藤氏、大田氏、筒井氏、高木氏などになる。

【柏に鷹】

【鷹匠】

【鷹の丸】

【架み鷹】

【中輪に飛び鷹】

【丸に一つ鷹の羽】

【使い鷹】

【対い鷹】

【丸に変わり割り鷹の羽】

【反り違い鷹の羽】

【浅野鷹の羽】

【陰違い鷹の羽】

【一つ折れ鷹の羽丸】

【阿部違い鷹の羽】

【石持ち地抜き違い鷹の羽】

【陰陽違い細鷹の羽】

【折れ鷹の羽】

【割り鷹の羽】

【白川鷹の羽】

【丸に違い鷹の羽】

【並び鷹の羽】

【割り浮線鷹の羽】

【柳井鷹の羽】

【阿部鷹の羽】

【久世鷹の羽】

【割り敷き鷹に並び鷹の羽】

【子持ち輪に違い鷹の羽】

【高木鷹の羽】

【違い鷹の羽】

【八つ鷹の羽車】

【鷹の羽蛇の目】

【三つ違い鷹の羽】

【抱き鷹の羽】

【丸に八つ鷹の羽車】

【鷹の羽組み井桁】

【丸に三つ鷹の羽】

【浮線鷹の羽】

【井上鷹の羽】

【五枚鷹の羽】

【丸に覗き三枚鷹の羽】

【二つ折れ鷹の羽】

【鷹の羽団扇】

【六つ鷹の羽】

【剣三つ折れ鷹の羽】

【三つ並び鷹の羽】

【鷹の羽蝶】

【割り六つ鷹の羽車】

【三つ折れ鷹の羽丸】

【三つ反り鷹の羽】

雀紋

私たちの生活に密着している小鳥で、古くから物語や昔話にも登場する雀。家紋は1羽から3羽の雀を用いて、飛んでいる姿や、3羽で追いかけている様子などを図案化している。

雀《すずめ》の愛らしい姿を写実的に描いたものが多い

雀はハタオリドリ科の全長約14センチの小鳥である。背は茶色に黒い斑点があり、腹は白い。チュンチュンと鳴き、愛らしい野鳥である。季節に関係なく見ることができ、私たちの生活に密着している代表的な鳥である。

図柄は、1羽から3羽の組み合わせがある。正面から見た構図の**脹《ふく》ら雀**、**丸に飛び雀**、群れ飛ぶ雀を3羽で追う姿を写実的に描く三羽追い雀、頭を寄せ円を作る**三つ集め雀**、対いで羽を広げる**丸に対《むか》い雀**、**上下対い雀**などがある。中でも丸に対い雀が、家紋として多く使われる。

使用家としては、公家の清閑寺《せいかんじ》家、坊城家、柴山家などが用いる。

【丸に飛び雀】

【上下対い雀】

【清閑寺雀】

【脹ら雀】

【重ね脹ら雀】

【三羽追い雀】

【丸に対い雀】

【三つ集め雀】

【雀の丸】

鳩紋

現在は平和の象徴とされる鳩だが、古くは軍神の八幡大菩薩の使いとされていたため、武士たちが紋として愛用した。図柄としては鳩だけのものと、他のものとの組み合わせが見られる。

八幡大菩薩の使いとして武士に好まれた紋

鳩《はと》はハト科に属している。鳩もいくつかの種類がいるが、ここでいう鳩は総称になる。広い敷地を持つ神社の境内には、必ずと言ってよいほど鳩を見かける。

古くから八幡大菩薩《はちまんだいぼさつ》を祀る八幡宮の多くは、鳩を神使《しんし》とし、神紋に用いている。また、八幡宮の八の字は対いの鳩で表している。

図柄は**対い鳩**の他に、一羽鳩、鳩が羽を広げた姿の**鳩の丸**、**丸に親子鳩**、まるで鳩が羽を広げて舞っているように見える**舞い対い鳩**、**鳥居に対い鳩**などがある。使用家は熊谷氏、熊谷氏庶流の高《こう》力《りき》氏、根岸氏などになる。他には小島氏、中川氏、山本氏、宮崎氏などが用いる。

【一羽鳩】

【丸に親子鳩】

【熊谷寓生に鳩】

【鳩の丸】

【朽木鳩】

【抱き寓生に鳩】

【対い鳩】

【寓生に鳩】

【鳥居に対い鳩】

鶴紋

長寿の象徴とされる鶴。美しい姿や飛び立つ姿は、古くから人々に愛されてきた。家紋としては、羽を広げて丸を作る鶴の丸や、対いの鶴で丸を作るものなど、バリエーションも多く、多くの武士が用いている。

瑞祥的な意義を持つ鶴紋は、公家、武士に愛された

鶴《つる》はツル科の鳥の総称である。首と足が長く、頭が小さいのが特徴。〝鶴は千年、亀は万年〟と言われるように、長寿の霊鳥とされる。実際の寿命は60～80年だと言われる。日本では丹頂鶴《たんちょうづる》、鍋鶴《なべづる》、真鶴《まなづる》（真名鶴）が代表になる。

図柄は1羽の鶴が羽を広げて丸を作るもの、頭を下にする**降り鶴の丸**、頭を下にして飛ぶもの、対いで丸を作るもの、対で菱を作るもの、**折鶴**などがある。

使用家は公家では藤原北家の日野家が、『見聞諸《けんぶんしょ》家紋』によると楢葉《ならは》氏、佐脇氏、小串氏、進藤氏、大西氏などが用いている。また、神奈川県鎌倉の鶴岡八幡宮が、神紋として用いている。

【鶴の丸】

【飛び鶴】

【対い鶴】

【森鶴の丸】

【長の字鶴】

【南部鶴】

【光琳鶴の丸】

【折鶴】

【蒲生対い鶴】

雁金紋

渡り鳥として知られる雁。古くは雁音と表記されたが、これは雁の鳴き声がガンガンと聞こえたからと言われる。平安時代から文様、家紋として用いられた。多くの武将、幕臣が家紋としている。

戦国武将を代表する武将・柴田勝家が用いた

雁金《かりがね》とは、カモ科マガン属の雁《がん》のことである。首が長く、足の指の間に水かきがあり、鴨に似ている。渡り鳥で、日本には晩秋に北方から渡来し、翌春に再び北方に去る。古くは雁音《かりがね》と表記された。これは、雁がガンガンと鳴く声が由来であると言われる。

平安時代から雁金の字があてられた。文様は『紫式部日記』『源氏物語絵巻』『源平盛衰記』などに記載されている。源義家《みなもとのよしいえ》が戦《いくさ》の時に、上空を雁の群が乱れて飛んでいるのを見て、敵兵が近くに潜むことを知り、戦《いくさ》に勝利したという。これによって源氏にとって縁起のよい鳥とされた。また、平忠度《たいらのただのり》が馬の鞍《くら》に遠雁の文様を付けていたと『源平盛衰記』に記載されている。

雁はカモ科マガン属である。写真は雁の仲間の真雁になる

図柄は、雁が翼を結んでいる**結び雁金**、翼を逆への字に描いたもの、雁が並んで飛んでいるもの、輪違い、対い、頭合わせ、尻合わせ、奴形、龍胆に二つ遠雁金、鞠挟みに三つ雁金など、多くのバリエーションがある。

使用家は『見聞諸家紋《けんぶんしょかもん》』によると、小串氏、進藤氏、大西氏、高宮氏、越智氏が**雁紋**を、飯尾氏、真田氏、井上氏、増山氏などが**雁金紋**を使用している。中でも戦国時代の武将、柴田勝家が**二つ雁金**を家紋としていることは有名である。

【金輪雁金】

【飛び雁金】

【陰結び雁金】

【雁金】

【三つ盛り雁金】

【二つ雁金】

【丸に結び雁金】

【陰雁金】

【三つ斜め雁金】

【違い雁金】

【石持ち地抜き結び雁金】

【丸に雁金】

【三羽飛び雁金】

【小串雁金】

【菱に結び雁金】

【石持ち地抜き雁金】

【三羽追い雁】

【頭合わせ三つ結び雁金】

【剣尻雁金】

【結び雁金】

千鳥紋・鴛鴦紋

季節になると容易に見られる身近な鳥だったため、古くから衣装や調度品に用いられ、『万葉集』などに詩歌が詠まれている。けっして多くはないが、公家や武家が家紋に用いている千鳥と鴛鴦。

鳥の特徴や生息地と組み合わせた家紋

千鳥《ちどり》はチドリ科の小型の鳥で、海岸や砂浜の波間などの水辺に群れている。足は指が3本で、俊敏に走る。飛び方も速く、急に方向転換する。

平安時代から衣装や調度品に文様として用いられている。また、詩歌にも詠まれている。図柄は1～3羽で、飛んでいる姿を描く。使用家は堀越氏、山川氏、内海氏、浜氏などになる。

鴛鴦《おしどり》は鴨の一種。体色が美しい鳥だが、特に雄は金属緑色の毛冠がある。常に雌雄で一緒にいるため、夫婦和合の象徴とされる。

図柄は**番《つがい》の対い鴛鴦丸**と**鴛鴦に水**が見られる。使用家は少ないが、小島駿河《こじまするが》入道《にゅうどう》、公家の近衛《このえ》氏、伊達氏、大田氏、横幕《よこまく》氏になる。

【千鳥】

【丸に千鳥】

【五つ千鳥】

【陰千鳥】

【浪に千鳥】

【番の対い鴛鴦の丸】

【変わり千鳥】

【浪輪に千鳥】

【鴛鴦に水】

烏紋・鶏紋・尾長紋

烏は古くは熊野権現の使いであった。熊野三山が神使に、日本サッカー協会がシンボルに使っている。鶏は日本創生神話にも登場する神の使い。尾長鳥は尾羽の長い観賞用の鳥の一種になる。

神の使いの烏《からす》、鶏《にわとり》、天然記念物の尾長鳥《おながどり》を紋にする

烏は古くは神の使いであった。神武天皇の東征の際、大和への道案内をしたのが三本足の八咫烏《やたがらす》である。熊野三山の神使《しんし》になる。使用家は熊野神社に仕える穂積氏族の鈴木氏、熊野氏などになる。

鶏は日本創生神話にも登場する。古くは神の使いになる。天照大御神《あまてらすおおみかみ》が天岩屋戸《あまのいわやと》に隠れた際に横木に鶏を留まらせたとある。そのため天照大御神を祀る伊勢神宮の神使になる。使用家は守屋氏、羽崎氏、多田氏、落合氏などになる。

尾長鳥は日本原産で、名のごとく尾羽の一部が長いのが特徴。特別天然記念物になる。図柄は尾を使い円を描くもの、尾長鳥に一文字などがある。使用家は小河氏、神保氏になる。

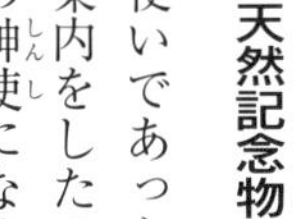
【烏】

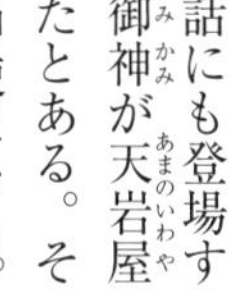
【向かい烏】

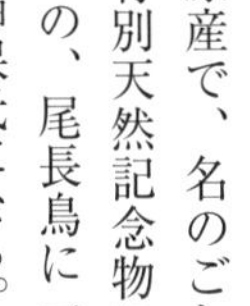
【鶏の丸】

【八咫烏】

【熊野三羽烏】

【尾長鳥】

【熊野烏】

【鶏】

【尾長鳥に一文字】

燕紋・鷲紋

春を知らせる燕。益鳥として古くから大切にされた燕を家紋に使用。飛翔する燕紋が印象的である。古くから尾羽を弓矢の矢羽根に用いられた鷲。尚武的な意義で家紋にされた紋の一つである。

よく見かける燕《つばめ》と矢羽根に用いた鷲《わし》を家紋にした

燕はツバメ目ツバメ科の小鳥で、翼と背が黒く、腹が白い。翼が発達しているため、遠距離を速く飛ぶことができる。日本には春に飛来する。害虫を捕食する益鳥として、大切にされている。

古くから文様として用いられ、図柄は燕が飛翔する1～2羽を描く。**飛び燕**、**対い燕**がある。使用家は大戸氏、羽尾氏、井田氏になる。

鷲はタカ科の一部の鳥の総称である。爪、嘴《くちばし》が鋭い猛禽類になる。古くから鷲の尾羽が、弓矢の矢羽根に用いられている。図柄は鷲2羽を対い合わせるもの、**細輪に抱き鷲の羽に花**、**檜扇に鷲の羽違い**などがある。使用家は、公家の藤原北家の鷲尾家、武家の秋田氏などになる。

【飛び燕】

【浪に燕】

【細輪に抱き鷲の羽に花】

【細輪に対い燕】

【対い鷲】

【檜扇に鷲の羽違い】

【丸に対い燕】

【鷲尾対い鷲】

蝙蝠紋・蜻蛉紋

蝙蝠は翼を広げているものが、基本的な図柄になる。中国の宋から帰化した先祖を持つ山本氏が用いる。蜻蛉は後退することなく、前に進むため〝勝ち虫〟と言われ武士に好まれ、文様に使用された。

中国ではめでたい蝙蝠《こうもり》、尚武的意義の蜻蛉《とんぼ》

蝙蝠は、世界各国に生息しているが、日本ではニホンヤマコウモリ、ウサギコウモリ、オガサワラコウモリなどになる。中国では蝠が福と同音になるため、めでたいとされる。

図柄は蝙蝠が翼を広げているもの、蝙蝠と月を合わせたものなどがある。使用家は近江（滋賀県）の山本氏が用いている。

蜻蛉は日本に約190種生息している。中でもアキアカネ、キトンボ、シオカラトンボ、カワトンボなどが有名。蜻蛉は退《しりぞ》くことなく、前に進むため〝勝ち虫〟と言われ、武士が家紋として用いた。図柄は1～3匹で対い、**丸に三つ蜻蛉**などになり、金子氏、筒井氏、長沼氏などが用いる。

【蝙蝠】

【月に蝙蝠】

【丸に対い蜻蛉】

【光琳蝙蝠】

【糸輪に蜻蛉】

【交わい蜻蛉】

【蝙蝠桐】

【丸に対い下がり稲に蜻蛉】

【三つ蜻蛉】

百足紋

百足はムカデ綱に属している。多足で前進する様は、まるで軍隊が行進しているように見えないこともない。軍神として信仰の篤い毘沙門天の使いとして、武士が旗印や家紋に用いた。

百足《むかで》の後退しない俗信から武士が用いた紋

百足は多足のため、百足と書いて〝むかで〟と読ませる。また、蜈蚣《むかで》とも書く。節足動物の一つで、体は平たく細長い。多数の節からなり、節ごとに一対の足がある。口には毒線を持つ。日本で見られる百足は、体長8センチの〝とびず百足〟〝あおず百足〟になる。

昔の鉱山関係者（山の衆、山師）は、鉱脈を知らせてくれる山の神として大切にしたらしい。また、軍神の毘沙門天の使いとされる。百足は後退することなく、常に前進するという俗信から、武士が旗印や家紋に用いている。図柄は一匹で丸を描いたもの、二匹で丸を描いたものになる。使用家は大蔵氏、本橋氏、河内氏などになる。

【百足の丸】

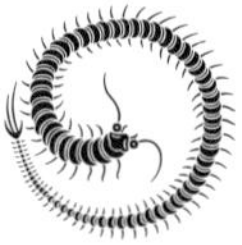

【右向きの百足丸】

【親子百足丸】

【石持ち地抜き百足の丸】

【左向きの百足丸】

【二つ百足の丸】

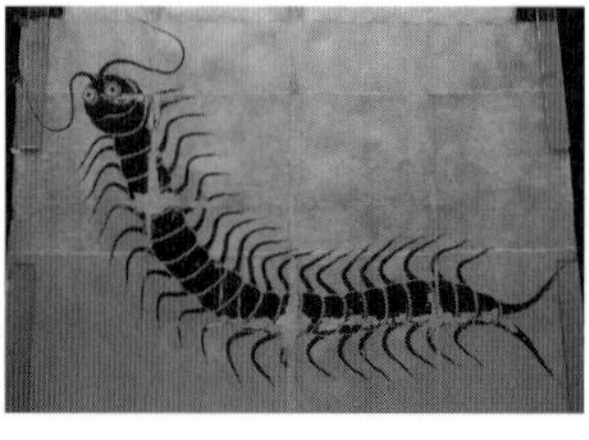

武田信玄、勝頼の使番であった初鹿野昌吉（はじかのまさきち）所有の蜈蚣の指物は、太幟白絹に黒色の大百足を上向きに墨で描いたものである
（写真提供：山梨市教育委員会）

龍紋

中国では皇帝の紋章とされた龍紋。他の者が使用することは一切禁じられていた。日本では鎌倉時代に龍の紋が武士の間で流行となった。龍と雨龍、爪、鱗が図案化され、家紋に使われた。

皇帝を表す龍《りゅう》は強さの象徴として武家に人気だった

龍は、日本では竜とも書かれ、〝たつ〟とも読む。蛇に似た体に、4本の足、2本の角《つの》とひげを持つ、中国の伝説上の生き物である。池、沼、海に住み、空に昇って雲をおこし、雨を降らせると言われる。中国ではめでたい動物とされ、皇帝のみが文様として使っていた。

図柄は龍と雨龍を用いる2種類がある。龍紋は1匹の龍で丸を描いている。また、雨龍を用いて丸を描いているものもある。他には、龍の鱗を使用した丸に頭合わせ三つ龍の鱗や、龍の爪を使った龍の爪などがある。

使用家は豊後国（大分県）の大神氏とその一族、緒方氏、高野氏などになる。

【龍の丸】

【左雨龍】

【玉持ち龍の爪】

【左龍の丸】

【右雨龍】

【龍の鱗】

【右龍の丸】

【三つ雨龍】

【丸に龍剣に一の字】

鳳凰紋

大陸から仏教とともに伝わった鳳凰伝説。幸運を運ぶ瑞鳥として、かつては天皇の衣服などの文様として用いられた。その後、大名や幕臣が家紋として使用するようになった。

後醍醐天皇の時代に家紋に用いられた

鳳凰《ほうおう》とは、中国で誕生した想像上の瑞鳥《ずいちょう》（めでたい鳥）で、中国では麒麟《きりん》、龍、亀とともに四霊とされる。雄を鳳、雌を凰と呼ぶ。聖王（優れた帝王）がこの世に生まれる時に現れると言われている。伝説では梧桐《あおぎり》に棲み、竹の実を食すると考えられている。

大陸から仏教とともに伝わり、飛鳥時代から文様として用いられているが、家紋としては、後醍《ごだい》醐《ご》天皇（13～14世紀）の頃に用いられたと言われる。

図柄は鳳凰が飛翔した姿のもの、翼を広げ円を作るもの、桐と組み合わせたものなどがある。使用家は、波多野氏、近藤氏、関氏、川勝氏、神谷氏、松前氏、田中氏などが用いる。

【鳳凰の丸】

【飛び鳳凰の丸】

【石持ち地抜き有職鳳凰】

【舞い鳳凰の丸】

【白鳳の丸】

【桐に鳳凰】

【真向き鳳凰の丸】

【有職鳳凰】

【乱れ桐に鳳凰】

蝶紋

優雅に飛び舞う姿や、羽根をたたんで止まっている姿を家紋に用いた蝶紋。紅白蝶や黄蝶、揚羽蝶など、日本では約200種が生息する。デザイン的に美しい蝶紋は、江戸時代には300家もが蝶紋を用いたという。

桓《かん》武《む》平氏の揚《あげ》羽《は》蝶《ちょう》があまりにも有名

蝶は鱗《りん》翅《し》目《もく》蝶亜目の昆虫で、全世界に分布する。日本では約200種の蝶が生息している。奈良時代から平安時代に掛けて調度品などの文様に用いられている。

桓武平氏の家紋として**揚羽蝶**が有名だが、他には、**浮《ふ》線《せん》蝶**と言われる左右対称に羽を広げたものや、**対《むか》い蝶**、正面から見た**真向き揚羽蝶**、**結び蝶**、**三つ揚羽蝶**など、美しいものが数多くある。

使用家は公家平氏の西洞院家、平松家などが、武家平氏では伊勢平氏、西田氏、河内氏、三井氏などになる。他には織田信長の織田氏、池田氏、井伊氏、松平氏、神谷氏、丹羽氏、北条氏など、300以上もの武士、幕臣が家紋に使用する。

【揚羽蝶】

【因幡蝶】

【鎧揚羽蝶】

【陰揚羽蝶】

【松平因州蝶】

【織田蝶】

【丸に揚羽蝶】

【右向き変わり揚羽蝶】

【谷蝶】

【光琳胡蝶】

【源氏蝶】

【浮線蝶】

【石持ち地抜き揚羽蝶】

【中陰光琳胡蝶】

【備前蝶】

【中陰浮線蝶】

【播州蝶】

【真向き揚羽蝶】

【池田備前蝶】

【石持ち地抜き変わり浮線蝶】

【保倉蝶】

【揚羽飛び蝶】

【雪輪に浮線蝶】

【月形浮線蝶】

【揚羽蝶の丸】

【対い蝶】

【鎧蝶菱】

【月星浮線蝶】

【揚羽蝶菱】

【三つ割り揚羽蝶】

【三つ蝶】

【池田対い蝶】

【北条対い蝶】

【蝶車】

【池田三つ蝶】

【雪輪に対い蝶】

【筋対い飛び蝶】

【ひげ丸揚羽蝶】

【三つ胡蝶に鬼菊】

【二つ飛び胡蝶】

【陰対い蝶】

【結び蝶】

【伊豆吉田蝶】

【三つ飛び蝶】

【建部蝶】

【蝶の星】

【三つ追い揚羽蝶】

【三つ浮線蝶巴】

【上下対い蝶】

鹿紋・鹿角紋

鹿を図案化した鹿紋。鹿の角を図案化した鹿角紋。古くから白鹿は神の使いと言われ、春日大社、鹿島神宮などが神使としている。鹿角紋は尚武的な意義が強く、武将たちが好んで家紋に用いた。

古くから白鹿は神の使いで、尚武的意義がある

鹿《しか》はシカ科に属するほ乳動物の総称で、日本ではニホンジカが代表になる。角《つの》は雄だけになる。日本では古くから神の使いと考えられていた。

春日信仰の「春日大社」は、武甕槌命《たけみかづちのみこと》が国の繁栄と国民の幸せを願い、鹿島神宮から白い鹿に乗って御蓋山《みかさやま》の山頂に降り立ったと言われる。この伝来から鹿は、春日神の使いになる。鹿を神使《しんし》にするのは、他に鹿島神宮、嚴島《いつくしま》神社、大原野神社などになる。

鹿（特に白鹿）は古くから神の使いとされ、大切にされてきた

古くから中国では、鹿の角を粉状にして作る薬は鹿茸《ろくじょう》と呼ばれる漢方薬にされた。中国では三大妙薬の一つに数えられる。日本でも鹿角は、漢方薬の材料の一つになっている。

また、武将たちは、雄同士が果敢に角をあてているのが戦う姿に通じると、鹿角を加工して、大掛けや兜《かぶと》の前立ちにした。兜の前立ちに用いるのは、古くから長寿の象徴であるためと考えられる。

鹿紋の図柄は、鹿が座っている姿と楓《かえで》を合わせた**鹿に楓**になる。鹿角紋は、1～3本の枝角を組み合わせた、**抱き**、**違い抱き**、**割り**、**三つ割り**などになる。

使用家は、『寛政重修諸家譜《かんせいちょうしゅうしょかふ》』によると、近藤氏、蔭山氏、杉山氏、梅氏、春日氏、角田氏、諏訪氏、金子氏、本庄氏などになる。

【外割り角に蔦】

【糸輪に覗き抱き角】

【丸に抱き角】

【鹿に楓】

【三つ割り角】

【違い角】

【石持ち地抜き抱き角】

【夫婦鹿】

【三つ追い角に揚羽蝶】

【三つ又違い角】

【抱き角に五三桐】

【抱き角】

【六つ角】

【割り角】

【違い抱き角】

【陰抱き角】

【角万字】

【変わり割り角】

【四本抱き角】

【細抱き角】

兎紋

兎は古くから私たちにとって馴じみのある動物の一つである。月には兎がいると信じられ、神話、物語にも登場する。文様は推古天皇の時代頃から使われていた。家紋は戦国時代が始まりと言われる。

藤原秀郷流の三橋氏、水島氏などが用いる

兎《うさぎ》はウサギ目ウサギ科の総称で、現在は野生種と、飼い兎に大別できる。中国では兎は月に住むという伝説が残り、日本にも伝えられていた。日本では『日本書紀』で、大国主命に助けられた白兎の話『因幡《いなば》の白兎』『兎と亀』など、兎にまつわる伝説、神話、物語は多い。

兎紋の図柄は、兎を正面から見て立体的に描いた**真向き兎**、**対い兎**、**後ろ向き**、**後ろ向き三つ兎**、**後ろ向き三足兎**、**浪に月に兎**、波を花にたとえた花兎などがあり、他の紋には見られない工夫が感じられる。

使用家は、藤原秀郷流佐野氏の三橋氏、同下河氏族の水島氏、他に橋本氏、兎原氏などになる。

【真向き兎】

【対い兎】

【後ろ向き三足兎】

【雪輪に陰兎】

【三つ兎】

【夕浪兎】

【後ろ向き番い兎】

【後ろ向き三つ兎】

【浪に月に兎】

馬紋

古くは神の乗り物として神馬とされ、雨乞の神事に奉納された。また、私たちの生活に密着していた。そんな馬の文様は、繋がれたものと、自由に走り回るものになる。有数の馬産地に見られる紋である。

桓武《かんむ》平氏良将流相馬《そうま》氏の繋ぎ馬が有名

馬《うま》はウマ科のほ乳動物。古くから私たちの生活と密着しており、田畑を耕したり、乗用したり、運送などにも使われた大切な家畜である。奈良時代の『続日本紀』には、神の乗り物と考えられていた馬を、神馬《しんめ》として神社に奉納していたと記してある。

歴代天皇が雨乞の神事に、日照りに黒馬を、長雨に白馬か赤馬を、水神を祀っている京都の貴船神社に奉納していた。

図柄は馬が杭に繋がれているもの、走り馬、放れ馬、不破馬などになる。使用家は、桓武平氏、戸張氏、門馬氏、神田氏、岸氏、黒沢氏などが用いる。

【走り馬】

【不破神馬】

【片杭覇馬】

【右駆け馬】

【丸に馬】

【繋ぎ馬】

【左馬】

【二頭走り馬】

【坐り馬】

亀紋

中国の『礼記』や、日本の『日本書紀』をはじめ、浦島太郎などの物語にも登場する亀。背中に藻がついている亀は霊亀、神亀とされ、江戸時代から家紋に用いられた。角のような耳らしいものがついているものもある。

長寿の象徴、北方を守る玄武《げんぶ》の亀《かめ》を紋とした

亀はカメ目科の総称。日本ではよく見られるのは、石亀《いしがめ》である。〝鶴は千年、亀は万年〟と言われるように、長寿の象徴である。まるで毛が生えているような藻《も》がついている亀は、中国では緑藻亀、緑毛亀とも呼ばれ、霊亀、神亀とされる。

日本では浦島太郎の物語や、松尾大社の神使になる。また、中国の『礼記《らいき》』という儒書で、都城の理想地を決定する四神相応を用いていた。北を守る神を玄武と言うが、これは亀である。

図柄は1匹〜3匹で構成し、毛の有るものと、ないものがある。毛があるものは毛で円を描いている。使用家は『寛政重修諸家譜《かんせいちょうしゅうしょかふ》』によると、奥山氏、小野氏、六角氏、森氏、小関氏などになる。

【真向き亀】

【丸に亀の丸】

【三つ亀の丸】

【下り亀】

【丸に上り亀】

【光琳亀】

【一つ簑亀の丸】

【子持ち亀の丸】

【蓬莱亀】

海老紋・蟹紋

古くから海老は、長い髭と曲がった腰が、長生の老人を思わせるとして、長寿を連想させる。蟹の甲羅は、武士の鎧甲を連想させるとして、両紋とも武士が家紋として用いた。

瑞祥紋の海老《えび》、鎧甲《よろいかぶと》を思わせる蟹《かに》。武士が好んだ家紋

海老は節足動物門甲殻綱エビ科の総称である。家紋に用いられるのは、伊勢海老である。古くから髭《ひげ》が長く、腰が曲がっていることから長生する老人を連想させるとして、長寿を祈願するなど、瑞祥の動物として珍重された。図柄には髭や尾を用いた**海老の丸**、2匹による**抱き海老**、**二つ追い海老の丸**になる。使用家は『見分諸《けんぶんしょ》家紋』によると、江見氏、海老名氏、大橋氏などが用いている。

蟹は、甲殻類十脚短尾亜目の節足動物の一群で、甲羅が鎧甲をまとった武将にあい通じるとして、戦国武将が文様として用いた。図柄は一匹の蟹を写実的に描いたものが多い。使用家は寺沢氏、屋代氏、可児氏、近藤氏などが用いる。

【海老の丸】

【熨斗輪に海老】

【蟹菱】

【伊勢海老の丸】

【蟹】

【踊り蟹】

【抱き海老】

【海蟹】

【丸に平家蟹】

蛤紋

二枚貝を代表する蛤の殻は、他の殻とは絶対に合うことがないため、夫婦和合の象徴である。平安時代には金箔などで彩色された蛤の殻を合わせる〝貝合わせ〟の遊びが盛んだった。瑞祥的な意義によって紋にされたと考えられる。

夫婦和合を象徴する蛤《はまぐり》。瑞祥的な意義の紋

蛤は二枚貝マルスダレガイ科になる。形が栗《くり》に似ていることから、浜の栗、はまぐりと呼ばれるようになったと言われる。

平安時代の貴族の遊びの一つ、蛤の殻を美しく彩色したものを合わせる〝貝合わせ〟に使われた。蛤の貝は、他の殻とは絶対合わないため、夫婦和合の象徴とされた。そのため桃の節句や結婚披露の料理などにも使用されている。

図柄は、殻が閉じたものと開いたものがある。数は1～3が基本となり、**一つ蛤**、**丸に三つ頭合わせ蛤**、**四つ蛤**などになる。使用家は、『寛政重修《かんせいちょうしゅう》諸家譜《しょかふ》』によると、青木家、石場家になる。また、貝、砂、浜、磯の字を使用する姓に見られる。

【一つ蛤】

【二つ尻合わせ蛤】

【五つ重ね蛤】

【丸に真向き蛤】

【三つ頭合わせ蛤】

【ミルに蛤】

【変わり一つ蛤】

【四つ蛤】

【ミルに三つ蛤】

板屋貝紋

帆立貝などと同じイタヤガイ科の二枚貝だが、収穫量が少ないため貴重な食用貝の板屋貝。家紋はこの板屋貝を兜に見立て、後ろから見た姿になる。尚武的な意義から武士が用いた紋である。

武具の兜《かぶと》に似せた尚武的意義の板屋貝《いたやがい》

板屋貝はイタヤガイ科の二枚貝になる。日本各地に生息し、古くから食用とされる。形状は帆立《ほたて》貝《がい》に似るが、貝殻に太い放射線状の肋《ろく》（あばら骨のような筋のこと）があるのが特徴。実はこの肋が板葺き屋根に似ているのが、名の由来になっている。

図柄は板屋貝を1枚から5枚用いたものがある。他の貝紋と異なるのは、この板屋貝を兜を後ろから見た姿に模して図案化していることである。

1枚の**板屋貝**、**二つ板屋貝**、**二葉板屋貝**、**三つ板屋貝**、**三つ割り板屋貝**、**五つ板屋貝**などがある。

使用家は長崎県の岩永氏をはじめ、中埜氏、橋本氏、小勝氏、大塚氏、貝州氏、丹羽氏、松田氏、村田氏、牧氏などになる。

【板屋貝】

【割り板屋貝菱】

【三つ割り板屋貝】

【丸に板屋貝】

【三つ板屋貝】

【変わり三つ板屋貝】

【二つ板屋貝】

【三つ尻合わせ板屋貝】

【板屋貝車】

法螺紋・蠑螺紋

法螺貝に房を付け、吹奏楽器にして持ち歩き、合図などに使用した修験者。また、戦のおりに部隊の進退の合図にも使用された法螺。蠑螺は角ありを図案化されている。尚武的な意義から武家が家紋としている。

尚武的な意義から使用された法螺《ほら》紋と蠑螺《さざえ》紋

法螺《ほら》とは、法螺貝（腹足綱フジツガイ科、日本の巻き貝で最大）を使って作った吹奏楽器のことである。修験者や山伏が持ち歩き法具としている。

また、かつては戦の合図にも使用されていた。図柄は、法螺貝に房を付け、絡めているものになる。使用家は、吉野氏、石井氏、貝塚氏、貝原氏などになる。

蠑螺《さざえ》はリュウテンサザエ科になり、殻に角《つの》があるものと角なしとがある。古くから食用とされる。

図柄は角ありの蠑螺を図案化している。使用家は、『寛政重修諸家譜《かんせいちょうしゅうしょかふ》』によると、椿井《つぼい》氏とその一族である内藤氏が用いている。

【法螺貝】

【糸輪に法螺貝】

【丸に房付き法螺貝】

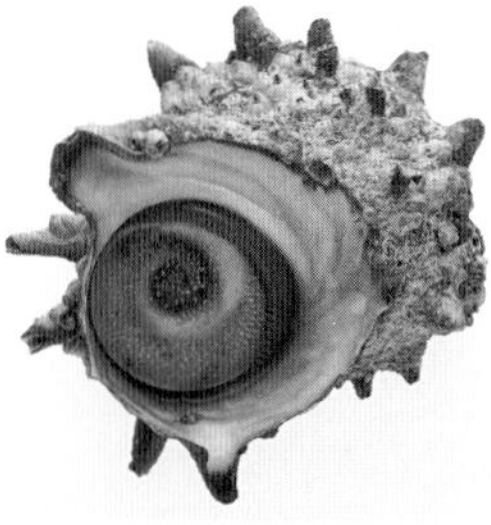

蠑螺は大別すると角があるもの、角がないものになるが、家紋にされるのは角ありである。尚武的な意義から武家が家紋に用いている

【房付き法螺貝】

【組み合い角に法螺貝】

【蠑螺】

第七章

器材紋

洲浜紋／蛇の目紋・弦巻紋／扇紋・檜扇紋／軍配紋・団扇紋／弓紋・矢紋／剣紋／鎌紋／兜紋／鍬形紋／笠紋／傘紋／烏帽子紋・赤鳥紋／庵紋／釘紋・釘抜紋／分銅紋／銭紋／瓶子紋／杏葉紋／糸巻紋／槌紋／鼓紋／輪鼓紋／杵紋／五徳紋・鍵紋／轡紋／猿紋・釜敷紋／輪宝紋／金輪紋／鐶紋／車紋／船紋／帆紋／碇紋・錨紋／櫂紋・舵紋／宝結び紋／祇園守紋／熨斗紋／久留子紋

器材紋とは…

器材紋は、縁起、吉祥、武運長久、武運向上、装飾、意匠、財宝蓄財、富の象徴、神に対する崇敬を込めて、道具類、家具、工具、武具、仏具などを図案化し、家紋に取り込んだものである。

生活の身の回りのすべてが家紋に用いられた器材紋

「器材紋」とは、私たちの生活の身の回り全般の道具類をはじめ、家具、工具、仏教に使用する仏具、武具などが家紋にされている。家紋の中では、この器材紋の数が一番多い。

器材紋を意義で分類すると、縁起、吉祥、武運長久、武運向上、装飾、意匠、財宝蓄財、富の象徴、神に供えるもの、乗り物などを図案化したものになる。

縁起を担いだものは、器材紋を代表する**洲浜《すはま》紋**と**扇《おうぎ》紋・檜扇《ひおうぎ》紋**があげられる。洲浜紋は、浜辺や河口にできる島形の中洲を、中国の不老不死の仙人が住む蓬莱山に形が似ていることから、めでたいとされ、祝いなどの飾りものを載せる洲浜台を図案化したものである。扇・檜扇は折りたたみができ、開くと端にいくほど広くなるため〝末広がり〟と言われ、子孫繁栄を表す縁起のいいものとされる。

武運長久をはじめ、武勇、勝ち星を表現するのが、**蛇《じゃ》の目《め》紋・弦巻《つるまき》紋**、**軍配《ぐんばい》紋**、**団扇《うちわ》紋**、**弓紋**、**矢紋**、**剣紋**、**兜《かぶと》紋**、**釘《くぎ》紋**、**釘抜《くぎぬき》紋**、**熨斗《のし》紋**などになる。これらは武士が好んで用いた家紋である。

蛇の目紋・弦巻紋は、武具の弦巻（予備の弓の弦を巻いておくもの）を象ったものである。弦巻を図案化したら蛇の目に見えたことから、蛇の目紋と言われる。

矢などから身を守るための防具の、大将が武勇を示すために凝った装飾が施された兜が家紋になった

宮中の弓競技から、邪気を退け武運向上を願って家紋にされた弓紋、矢紋

軍配紋と団扇紋は、軍神と言われる摩利支天《まりしてん》が持つため、不滅の勝ち運と無事に帰還を願ったものだ。

弓と矢は、武器として使われる他に、宮中の弓矢競技では破魔矢、破魔弓と呼ばれ、武運上昇と邪気を退ける意義から家紋にされた。剣紋は、荒ぶる神々の武勇と破魔の力を取り入れようとしたものである。

我が身を矢や刀から守る兜が、やがて大将の武勇の象徴や威厳となる。その兜を図案化したものが、兜紋である。釘と釘抜は大工道具だが、釘のものに打ち込むのを敵に討ち入る、相手を押さえつけるに、釘抜は城を抜くという意味にとらえ、武士が武運向上の縁起を担いで家紋に用いている。

熨斗は鮑の身を薄く削ぎ、干したものを神に供えていた。戦国時代になると、武運長久として鮑が合戦前の祝膳に供えられたことから、武運、武勇を表す家紋となった。

装飾、意匠によって家紋にされたのは、**杏葉**《ぎょうよう》、**傘**《かさ》、**烏帽子**《えぼし》、**赤鳥**《あかどり》などになる。杏葉紋は、馬具の装飾品で、それを家紋にしたものである。傘は貴族が用いた天蓋《てんがい》、唐傘《からかさ》を意匠の美しさから図案化したもの。烏帽子は貴族が身につけていた帽子を図案化したもの。赤鳥は化粧道具の一つ。または女性が騎乗する際に身につけている赤垂《あかだれ》を図案化したもので、今川義元《いまがわよしもと》が用いたことで知られる。

財宝蓄財、富の象徴としては、**分銅紋**、**碇**《いかり》**紋**、**銭**《ぜに》**紋**があげられる。分銅は、ものの重さを量る天秤ばかりに使われていた。やがて金銀を量る道具になったことから、財宝蓄財を象徴するものになった。碇は、船を停留させることから財宝を留まらせる意味にとらえられた。銭紋は、財宝の象徴として用いられた。

神に供えるものや崇敬を表したものに、**瓶子**《へいし》、**笠**《かさ》、**祇園守**《ぎおんもり》、**久留子**《くるす》など、玩具では**輪鼓**《りゅうご》、乗り物では**車**（**牛車**《ぎっしゃ》）、**船**《ふね》、**帆**《ほ》が家紋にされている。

財宝蓄財を願った宝船

洲浜紋

浜辺や河口付近にできる島形の中洲を、中国の仙人が住む蓬莱山に例えた。その形状を〝めでたい〟飾りものや飾りものを載せる洲浜台にし、さらに家紋に仕立てた。この洲浜紋は、北関東に多い。

北関東の河口や海辺に住む人に多い家紋

洲浜《すはま》とは、洲が海中に突き出て、雲形定規のような曲線をなす砂の島形のことで、中国の仙人が住んでいると言われる蓬莱《ほうらい》山に形が似ていることから、蓬莱島、洲山、島台とも呼ばれる。仙人は不老不死のため、古くから〝おめでたい〟とされ、祝賀の席や婚礼の飾りものなどにされた。

洲浜紋は、州浜台（洲浜形にかたどった足つきの台。祝いなどの飾りものを載せる島台に用いられる）を図案化したものが多い。代表的な家紋は、**洲浜紋**、**丸に洲浜**、**違い洲浜**、**比翼洲浜**などになる。

この家紋は北関東に多く、特に利根川付近が多く、常陸《ひたち》（茨城県）の小田氏を筆頭に、内山氏、本田氏、筑波氏、宍戸氏などが用いている。

【洲 浜】

【雪輪に洲浜】

【変わり洲浜】

【丸に洲浜】

【総陰丸に洲浜】

【変わり洲浜】

【糸輪に陰洲浜】

【石持ち地抜き洲浜】

【朧洲浜】

【中輪に洲浜に釘抜き】

【洲浜崩し】

【光琳洲浜】

【洲浜桔梗】

【台洲浜】

【糸菱に覗き洲浜】

【蔓洲浜】

【中陰洲浜】

【違い洲浜】

【中陰洲浜桐】

【月輪に豆洲浜】

【花形洲浜】

【丸に組み洲浜】

【陰洲浜に木瓜】

【丸に一文字に洲浜】

【花洲浜】

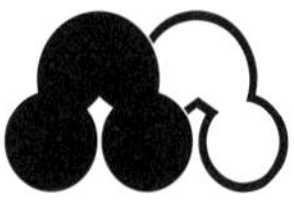
【比翼洲浜】

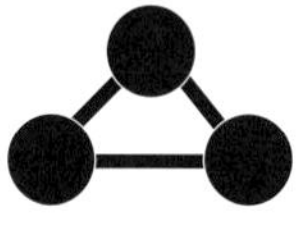
【洲浜団子】

【洲浜に山文字】

【秋津洲浜】

蛇の目紋・弦巻紋

童謡『あめふり』の中で、お母さんが子供を迎えにくる時の傘が、蛇の目模様である。蛇の目を象った模様と言われているが、元は武具の弦巻である。武芸向上など、武運や勝ち運を祈願する家紋である。

弓弦《ゆづる》を巻いた形が蛇《じゃ》の目《め》にたとえられる

時代劇などのテレビドラマで、太く白い円が描かれた傘を目にすることがある。これは文様の形が蛇の目に似ていることから、蛇の目傘と呼ばれる。童謡の『あめふり』でお馴染みである。

家紋でも、同じように太い円を一つ描いたものを〝蛇の目〟という。しかし、蛇の目を象ったものではなく、弓の弦が切れた場合に供えて予備の弦を巻いておいた弦巻《つるまき》を象ったものである。武将はこの弦巻を腰紐《こしひも》にひっかけて、戦いに向かった。

この弦巻を図案化した時に蛇の目のように見えたことから、戦国時代の頃から蛇の目と言われるようになる。家紋としては巨勢《こせ》氏族の吐田氏、堀江氏、飯富氏、平安時代中期の武将・藤原利仁の家系である加藤氏が用いている。

戦国時代に活躍した武将の加藤清正、加藤嘉明がともに**蛇の目紋**を替え紋として用いている。

加藤清正は蛇の目紋の他に、桔梗紋も用いている。清正が身につけた長烏帽子《ながえぼし》形兜《なりかぶと》の側面など、武具の類に蛇の目紋を用い、日常品や衣服には桔梗紋が多い。蛇の目紋の尚武的な意義に縁起を担いぎ、紋を使い分けていたと思われる。

黒い円が描かれている蛇の目傘。蛇の目紋は予備の弓の弦を巻いた弦巻の形が蛇の目に似ているから

【糸輪に覗き蛇の目】

【五つ捻じ蛇の目】

【三つ盛り蛇の目】

【蛇の目】

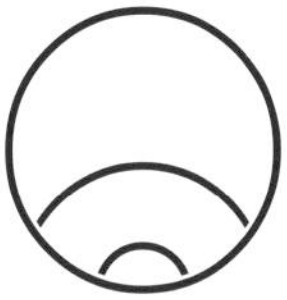
【糸輪に陰覗き蛇の目】

【七つ蛇の目】

【三つ捻じ蛇の目】

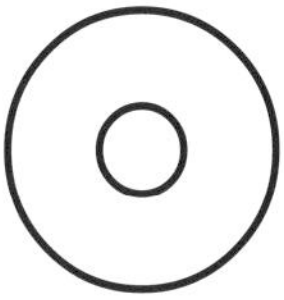
【陰蛇の目】

【糸輪に三つ割り蛇の目】

【蛇の目九曜】

【四つ蛇の目】

【丸に蛇の目】

【糸輪に蛇の目崩し】

【三つ剣蛇の目】

【四つ並び蛇の目】

【陰陽重ね蛇の目】

【五つ剣蛇の目】

【四つ捻じ蛇の目】

【比翼蛇の目】

扇紋・檜扇紋

持ち運びができるように折りたたみ式になっている扇。仰ぐことで風を起こし、涼をえる道具である。檜の薄い板で作った扇を檜扇といい、主に宮中で用いられた。末広がりになる形に、縁起を担いでいる。

末広がりの吉祥を願う扇《おうぎ》紋と檜《ひ》扇《おうぎ》紋

扇は折りたたみ式になっており、簡単に持ち運びができる。夏の暑い日に広げて、仰《あお》いで涼をとっている人を見かける。

扇は5〜8本の骨と呼ばれる竹や木の棒を一カ所で止め、幅広の弧の形をした紙を貼っている。檜扇は薄く削いだ檜《ひのき》の板の一方を細く、他方を幅広に加工し、扇と同じように一カ所で止めて紐《ひも》で板と板をつないだ。

どちらも折りたたみができ、開くと端にいくほど広くなっていく。この形を〝末広がり〟といい、子孫繁栄を表す縁起のいいものと考えられた。

扇紋は骨の本数もさまざまで、開いた形、閉じた形の組み合わせだけでなく、骨だけの図案もある。家紋として登場するのは、鎌倉時代である。

清和《せいわ》源氏流の常陸国（茨城県）の佐竹氏の**「月の丸扇」**は、源頼朝《みなもとのよりとも》から下賜《かし》された家紋である。佐竹氏は合戦で頼朝と同じく白旗を掲げていたので、源氏嫡流と区別するための下賜と言われる。この他にも、那須与一の故事に由来して那須氏族の五味氏などが用いている。

檜扇は貴族の間で主に用いられた扇で、扇の板の枚数で身分がわかる小道具でもあった。そのことから、公家の間で家紋として用いるようになっていった。

奥州秋田氏の**「檜扇に違い鷲《わし》の羽」**は、先祖に当たる安東貞季《あんどうさだすえ》が後鳥羽《ごとば》上皇に接見した際、檜扇に鷲の羽を載せたものを下賜されたことを記念したものと言われる。

【糸輪に尻合わせ檜扇】

【檜扇】

【半開き違い扇】

【五本骨扇】

【両房付き三つ檜扇】

【丹羽檜扇】

【五つ捻じ扇】

【月の丸扇(佐竹扇)】

【雪輪に檜扇】

【秋田檜扇】

【渡辺扇】

【大房扇】

【檜扇蝶】

【雁木檜扇】

【丸に違い扇】

【破れ扇】

【陰檜扇】

【扇丸檜扇】

【三本重ね扇】

【屋島扇】

軍配紋・団扇紋

昔、合戦で大将が采配をとる時に握っていた道具が軍配である。軍配は、軍神とあがめられた摩利支天の持ちものと言われ、不滅の勝ち運と無事に帰還する意味もあった。

合戦での勝利と無事帰還を願った家紋

軍配《ぐんばい》や団扇《うちわ》は、道教の仙人で死者蘇生の神通力の持ち主であった鍾離権《しょうりけん》と、軍神・摩利支天の持ちものであったことから、合戦に勝利し無事に帰還することを願った家紋と思われる。

団扇や羽団扇、唐団扇は、古くから合戦で軍の采配をとる時に用い、その広い扇面で矢玉を防ぐ意図もあったようだ。室町時代になると団扇に方角や方位、天文や八卦など、戦況を占うのに必要な知識を箔押しした軍配団扇が登場した。

武蔵七党児玉党の一族が、団扇紋を最初に用いたとされる。そのため児玉党が勢力域であった埼玉県を中心とする関東地方と、分派した児玉党の一族が移り住んだ広島県、宮崎県に多い。

【丸に一つ団扇】

【違い団扇】

【羽団扇】

【中輪に団扇中に葵】

【三つ団扇】

【変わり羽団扇】

【房付き団扇】

【団扇桐】

【鷹の羽団扇】

【剣三つ唐団扇】

【松平唐団扇】

【中陰唐団扇】

【米津羽団扇】

【久留島唐団扇】

【軍配唐団扇】

【唐団扇笹】

【浮線羽団扇】

【抱き割り唐団扇】

【桑名団扇】

【内藤団扇】

【入れ違い割り羽団扇】

【三つ割り房付き唐団扇】

【並び唐団扇】

【奥平団扇】

【三つ割り羽団扇】

【房丸唐団扇】

【三つ唐団扇】

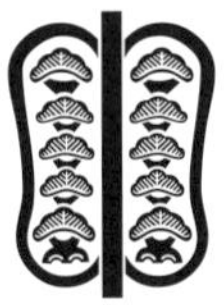
【中津団扇】

【唐団扇】

弓紋・矢紋

弓と矢のそろいで武器として活用された弓矢。鉄砲伝来以降も武家のたしなみとして、剣道と同じく武芸道の「弓道」として発展していった。武運長久を願った紋と思われる。

魔を退ける武具に勝ち運を願う

弓《ゆみ》は細長い竹の両端に糸を渡してある道具で、矢は竹などの棒の先に鏃《やじり》をつけ、他方に鳥の羽をつけている。弓と矢のセットで、遠方から獲物を仕留める武器として縄文時代から用いられていた。『日本書紀』に、年初に一年の吉凶を占う「射礼《じゃらい》」という宮中の弓矢競技の記述がある。この競技の的が〝破魔《はま》〟と呼ばれていたことから、的《まと》を射《い》る弓矢が〝破魔矢〟〝破魔弓〟と呼ばれるようになった。

家紋となったのは、武運上昇と邪気を退ける意図があったと言われる。弓は全体を、矢は矢尻、矢羽根、矢筈、全体とバリエーションが多い。弓紋は弓削《ゆげ》氏の一族で多く用いられ、矢紋は清和《せいわ》源氏源頼光の系譜である能勢《のせ》氏の代表紋である。

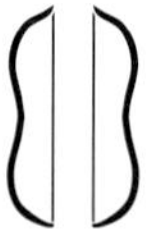
【二つ弓】

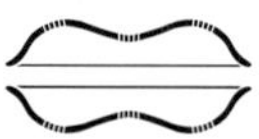
【対がい張り弓】

【五つ弓】

【丸に二つ弓】

【三つ弓】

【弓矢】

【違い弓】

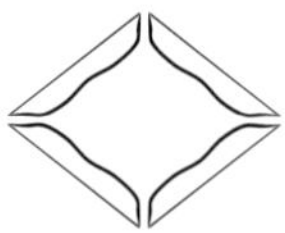
【四つ弓】

【弓矢違い】

【丸に矢筈】

【三本束ね矢】

【違い矢】

【一つ矢】

【矢筈車】

【六つ矢車】

【丸に違い矢】

【丸に一つ矢】

【糸輪に六つ矢筈】

【七つ矢車】

【違い鏑矢】

【折れ矢】

【糸輪に一つ矢尻】

【八つ矢車】

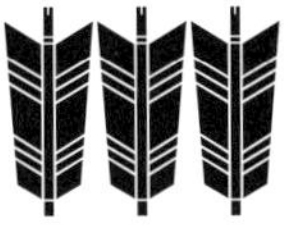
【三つ並び矢】

【並び矢】

【六つ矢尻】

【矢筈】

【三つ矢】

【入れ違い矢】

剣紋

『古事記』では素戔嗚尊が倒した八岐大蛇の尾から、聖剣「草薙剣」が出てくる話があるほど、剣は魔を祓う武器として神聖視されていた。また、神の依り代として神社に祀られていることもある。

荒ぶる神々の力を取り込んだ剣紋

素戔嗚尊《すさのおのみこと》が八岐大蛇《やまたのおろち》から手に入れ、日本武尊《やまとたけるのみこと》の危機を救った草薙剣《くさなぎのつるぎ》の神話から、剣は神から魔を断ち切る力を与えられた武器と考えられたようだ。

日本の剣というと刀を思い浮かべるが、神話に登場する剣は刀のような片刃の剣ではなく、両側に刃がある両刃《もろは》の剣である。

家紋はこの両刃の剣を図案化しており、荒ぶる神々の武勇と破魔《はま》の力を取り入れようとしたものと考えられる。

江戸時代の家系譜の『寛政重修諸家譜《かんせいちょうしゅうしょかふ》』には、清《せい》和《わ》源氏の森氏、白井氏、彦坂氏、藤原氏族の興津氏、松波氏、早坂氏、桓武平氏の岩城氏が用いたとある。

【違い剣】

【変わり三つ剣】

【五つ剣】

【丸に違い剣】

【三つ又剣】

【六つ剣】

【三つ剣】

【四つ剣菱】

【八つ剣菱】

鎌紋

稲刈りには欠かせない道具の鎌は、収穫を終えた後に磨き上げて豊穣を感謝し、神に供える儀式があった。武神・建御名方神を祀る諏訪大社の分社・諏訪神社では御神体として祀られている。

五穀豊穣と武運長久を願った鎌《かま》紋

鎌は木の棒の先に直角に曲がった片刃をつけている、稲を刈り入れる際に用いる農具である。

長野県の諏訪大社で行われる御柱祭では、御柱に選んだ木に「薙鎌《なぎかま》」という鳥の形をした鎌を打ち込む儀式がある。これにより樹木に諏訪明神を下ろし、魔を祓《はら》うとされる。この薙鎌は、各地にある諏訪神社の御神体である。

また、豊穣に感謝する儀式には磨き上げた鎌を神に供えたと言われる。このことより**鎌紋**は、豊穣の祈願と諏訪明神への信仰を表す紋と思われる。

江戸時代には坪内氏や深津氏、川井氏、熊田原氏、諏訪氏などの武家が用いていた記録がある。現在では長野県や鹿児島県に使用家が見られる。

【鎌】

【三つ鎌】

【四つ鎌車】

【中輪に違い鎌】

【四つ鎌】

【五つ鎌車】

【入れ違い鎌】

【万字鎌】

【六つ鎌車】

兜紋

兜は矢や刀から頭を守るためにかぶる武具であったが、やがて大将の武勇を印象づけるためや、威厳を示すための目印になった。兜紋はその兜を図案化したものである。

大将の武勇の象徴や威厳、意識を示す兜《かぶと》紋

戦場で矢や鉄砲玉、剣戟などから頭を守るための武具が、兜である。

古代では単に矢を防ぐものにすぎなかったが、平安末期から源平時代にかけて武将の活躍の場が増えるにつれて、形や意匠が凝っていった。

戦国時代になると合戦で己の武勇を印象づけるために、また大将はその威厳や意志を示すために特徴的な前立てを付けたり、目立つような形にするようになった。

兜紋は、鎌倉時代以降の武将たちがかぶっていた兜を、図案化したものである。そのため、**「諏訪兜」**、**「関ヶ原家康兜」**など、兜を用いていた武家や武将の名前の紋がある。家紋の使用家は不明。

【諏訪兜】

【八幡兜】

【芋柏立て兜】

【関ヶ原家康兜】

【鬼兜】

【鍬形兜】

【蝶兜】

【御幣兜】

【鳥兜】

鍬形紋

兜の正面につけている2本の角のような金具のことで、農具の鍬に形が似ていることから鍬形と呼ばれる。江戸時代以降に用いられるようになった武家紋の一つである。

家康が頼信に授《さず》けた紀伊徳川家の代表紋

鍬形《くわがた》は兜の正面についている角のような金具のことである。名は形が農具の鍬に似ていることに由来している。

家紋として用いるようになったのは、江戸時代以降である。比較的新しい家紋の部類と言える。代表的な使用家は、江戸幕府御三家の紀伊徳川家と支藩にあたる伊予国西条藩松平氏である。

織田信長、豊臣秀吉と鍬形の兜をつき合わせて天下を論じる夢を見た徳川家康が、三つの鍬形をあわせた**「紀州鍬形紋」**を息子の頼宣（紀伊徳川家の祖）へ記念に授けたと言われる。他には、佐々木氏族の三上氏、松下氏、船木氏、藤原氏族の豊原氏が用いている。

【丸に鍬形】

【鍬形菱】

【三つ組み鍬形】

【星付き鍬形】

【三つ鍬形】

【丸に三つ剣鍬形】

【二つ違い鍬形】

【紀州鍬形】

【五つ鍬形崩し】

笠紋

陽射しや雨を避けるために頭にかぶる笠を図案化した紋。天と地を結ぶ竹を立てるという漢字の形から神域を象徴する紋として、神職の家系から出た高橋氏の代表紋の一つである。

神域を象徴する竹から神職の高橋氏が用いる

笠《かさ》は陽射《ひざ》しや雨を除けるために頭にかぶった道具である。家紋には、主に女性がかぶっていた市《いち》女《め》笠状のものを図案化したものが多い。

〝笠〟という漢字は、竹に立てるという組み合わせであることから、神事で神を降ろす聖域の四隅に立てた竹に見立てて、家紋として用いたと考えられる。しかし、笠紋の起源には他にも説がある。物部《もののべ》氏族の中で神職の系譜を持つ高橋氏の多くが笠紋を用いており、高橋姓の代表紋の一つと言える。高橋氏の名字も、聖域の竹に由来している。

江戸幕府将軍の剣術指南役であった柳生宗矩《やぎゅうむねのり》とその一族が「二蓋笠」を用いている。これは猛将と名高かった坂崎出《で》羽守《はのかみ》から譲り受けたものである。

【笠】

【唐人笠】

【三階笠】

【丸に笠】

【花笠】

【丸に陣笠】

【編み笠】

【二蓋笠／柳生笠】

【糸輪に二階笠】

傘紋

現代では、雨傘や日傘として一般的に用いられている傘だが、傘紋は貴族が用いた天蓋、唐傘を図案化したものである。意匠の美しさから家紋に転化したと言われる。

貴族がさした天蓋、唐傘を図案化した紋

今では一般的に用いられる長い柄のついた傘だが、もとは〝天蓋《てんがい》〟もしくは〝唐傘《からかさ》〟と呼ばれる貴族が用いた傘である。日除けや雨除けに、従者が主人にさしかけるものであった。

5世紀以前に中国から伝わったと言われる傘は、高貴な人の持ち物であることと、形の美しさから文様に用いられるようになったという。

家紋は傘が開いたもの、閉じたもの、両方の形を組み合わせたものなどがある。『羽継原《はねつぐはら》合戦記』には、名越氏が**三本唐傘紋**を用いていたと記載されている。江戸時代には曲淵氏、岩瀬氏、秩父氏、佐藤氏、江馬氏、植林氏が用いている他、清和《せいわ》源氏今川氏族の名古屋氏が家紋とする。

【糸輪に蛇の目傘】

【三つ傘】

【丸に三本重ね傘】

【糸輪に陰傘】

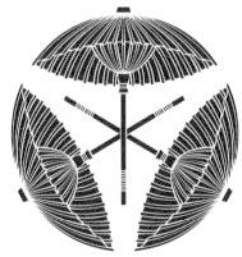
【三つ開き傘】

【丸に三本組み傘】

【花傘】

【糸輪に中開き三本傘】

【丸に三本並び傘】

烏帽子紋・赤鳥紋

烏帽子紋は貴族が身につけていた帽子を図案化したもの。一方、櫛のような形をした赤鳥にはさまざまな説があるが、今川義元が替紋にした。どちらも使用家が少ない稀少紋である。

身につける道具が発祥の烏帽子《えぼし》紋と赤鳥《あかどり》紋

烏帽子は男性貴族が日常的にかぶっていた帽子である。貴族の場合は日常的に立烏帽子という背の高い帽子を、狩りの時は、折烏帽子という先端が折れている帽子を用いた。武家では、折烏帽子を参内する際などに用いていた。どちらも図案化され、主に平氏族が家紋に用いた。

赤鳥は、垢《あか》取りという化粧道具、または女性が騎乗する際に身につける赤垂《あかだれ》を図案化したとも言われる。櫛《くし》のような形であるのは、馬標とした馬の手入れ道具の馬櫛と混同したものと思われる。戦国時代の武将・今川義元《いまがわよしもと》の家紋として有名だが、基本的に定紋としてではなく替紋として用いられていた。

【立烏帽子】

【武家烏帽子】

【赤鳥】

【公家烏帽子】

【神官烏帽子】

【赤鳥菱】

【大将烏帽子】

【赤鳥】

庵紋

藺草で編んだ笠〝藺織〟が図案の発祥とも言われる庵紋。家紋は積み木で組んだ家のようなデザインになっている。江戸時代以降に用いる家が増えた比較的新しい紋で、他の紋との組み合わせが多い。

他の紋との組み合わせが多い紋

庵《いおり》は木や草で建てた質素な小屋のことで、世を儚《はかな》んだ風流人が住む住居として馴染み深い。この庵を図案化したものが庵紋である。

ただ初期の庵紋は、屋根の曲線が地まで続いているような形で、藺草《いぐさ》で編んだ〝綾藺笠《あやいがさ》（藺織《いおり》）〟が地面に置いてあるような形に見える。〝綾藺笠〟は武士が狩りの時にかぶった笠で、今でも流鏑馬《やぶさめ》神事の際に騎乗者がかぶっている。

多くは長方形と三角形の積木を家のように組み合わせたようなデザインだが、他の紋と組み合わせて用いられていることが多い。特に木瓜との組み合わせが多く、藤原姓から発した工藤氏が用いる**「庵に木瓜」**紋が、東北地方で多く見られる。

【庵】

【花形庵】

【三つ庵】

【盃庵】

【丸に変わり庵】

【庵に木瓜】

【利休庵】

【大草庵】

【庵に久文字】

釘紋・釘抜紋

大工道具である釘と釘抜きを図案化した家紋。灯は頭がついた四角錐の形状で、釘抜きには旧式から新式までの形が家紋になっている。道具の性質から、武士が武運向上の縁起を担いで用いた。

敵を討つ、城を抜くという必勝決意の紋

釘《くぎ》は日本では家屋を建築する時には欠かせない道具で、柱や梁《はり》などの木材をつなぎ止めたり、壁を打ちつける時に用いる。昔の釘は、金槌で打ちやすいように頭がついた四角錐の形であった。釘紋は、釘の全体を図案化したものである。

釘はものに打ち込む道具のため、それを敵に討ち入る、もしくは相手を押さえつけるという意味にとらえて、武家が家紋に用いるようになったという。代表的な使用家は、織田信雄（織田信長の次男）の家臣であった天野氏があげられる。

釘抜《くぎぬき》は、木材に打ち込まれた釘を抜き取る道具である。昔は座金《ざがね》という真ん中に穴が空いている四角の板を置き、その穴に釘を通して木材に打ち込んでいた。抜く時はこの座金の下に梃子《てこ》を差し入れて、梃子の原理で釘を引き抜いた。時代を経ると、はさみのような形をした〝えんま釘抜〟が登場する。

家紋の図案は、座金だけ、座金と梃子の組み合わせ、えんま釘抜の紋がある。座金だけの紋は釘を抜いた後の状態と思われる。形が目結《めゆい》紋に似ているため、早い時期から混同されていたようだ。

釘抜は、「九城《くき》を抜く（九つの城を攻め落とす）」という意味につながるとして縁起を担ぎ、主に武家が家紋に用いたという。

代表的な使用家は、江戸時代の大名家では筑後（福岡県）の有馬氏が**「丸に釘抜」**、播磨（兵庫県）の一柳氏が**「一柳釘抜」**、豊後（大分県）の松平大給《おぎゅう》氏が**「丸に釘抜」**などである。

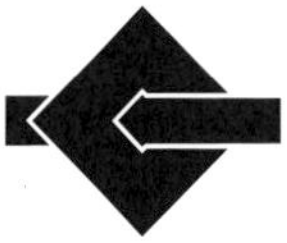
【釘抜に梃子】

【違い釘抜】

【総陰丸に釘抜】

【釘】

【二つ釘抜閂】

【陰陽釘抜】

【石持ち地抜き釘抜】

【丸に釘】

【丸に一挺釘抜】

【糸輪に違い釘抜】

【釘抜菱】

【釘抜】

【違い釘抜】

【太釘抜に木瓜】

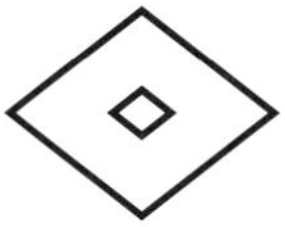
【陰釘抜菱】

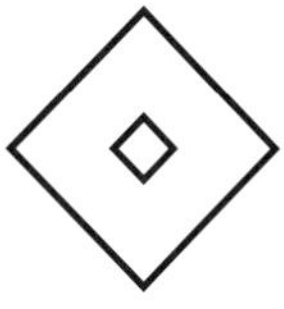
【陰釘抜】

【中輪に三つ違い釘抜】

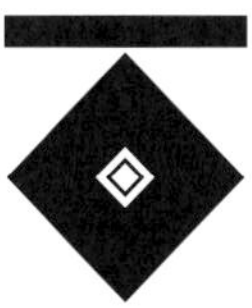
【一柳釘抜】

【折れ釘抜】

【丸に釘抜】

分銅紋

分銅は、天秤ばかりで物の重さを量る時に用いられた重りのことである。瓢箪のような形をした板で、重さによって板の厚みや大きさが違う。財宝を意味する家紋として、商人に用いられた。

財宝や蓄財を願った家紋で武家から商人に広がった

分銅《ぶんどう》は、天秤ばかりで物の重さを量る時に用いる、金属でできた計測用の重りである。近代では両皿天秤の実験の際に用いる、円柱の上にドアノブのような突起がついている形で知られる。

かつては天秤ばかりという、支柱を真ん中に腕という棒が伸び、片側に荷物を吊し、他方に重りを入れた籠を吊した秤で物の重さを量っていた。この時に利用されたのが、分銅である。

分銅は、やや縦長の楕円形の中央がくびれた、上下の均整がとれた瓢箪《ひょうたん》のような金属の板だった。重さによって大きさや厚みが異なり、主に銅で作られていたため、「分銅」の名がついたようだ。

中世になると、貨幣に用いられた金銀の重量を正確に量る道具として、分銅の精度も上がっていった。分銅紋は、この分銅を図案化した紋である。円弧の中央の左右が、小さな二つの円でえぐられている。紋の名称を知らないと、幾何学紋様のように見える形だ。分銅が金銀の重量を量る道具であったことから、財産を象徴するものとして、子孫の財福を祈って家紋に取り入れられたようだ。

江戸時代の家系譜『寛政重修諸家譜《かんせいちょうしゅうしょかふ》』で、堀尾氏、松平氏、近藤氏が用いていたという記録が使用歴の初見である。紋の中では比較的に新しい部類の一つである。

その他にも使用家はあるが、氏族として継承されていったという記録は見受けられない。分銅の性質からみて、商人に珍重されて家紋として広がっていったと考えられる。

【分銅桜】

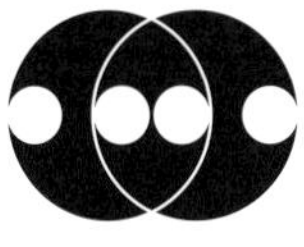

【持ち合い分銅】

【陰陽分銅】

【分銅】

【分銅梅鉢】

【三つ組み分銅】

【並び分銅】

【中陰分銅】

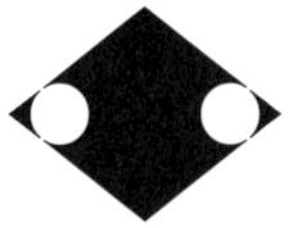

【分銅菱】

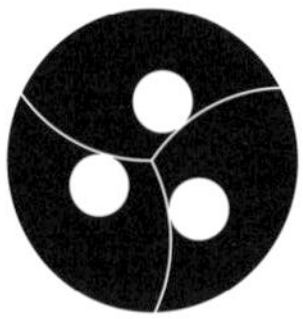

【三つ割り分銅】

【三つ寄せ分銅】

【花分銅】

【宝分銅】

【三つ寄せ分銅】

【糸輪に三つ寄せ分銅】

【丸に花分銅】

【子持ち分銅】

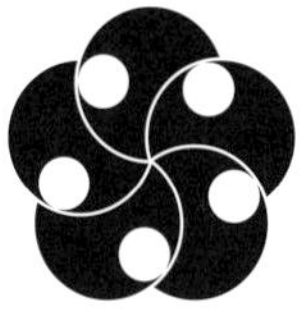

【五つ捻じ分銅】

【石持ち地抜き三つ寄せ分銅】

【星付き分銅】

銭紋

お金を象った家紋で、戦国時代に、死後に渡ると言われる三途の川の渡し賃を象ったと言われる真田の六連銭（六文銭）が有名。年代が降ると、富を象徴する紋として用いられた。

時代によって、込められた意義が変わった家紋

銭《ぜに》は主に硬貨のことをさす言葉である。家紋は丸い形の中央に四角の穴が空いている、今の五円玉の変形のような図案で、無文字、有文字の別はあるが、中央の穴は共通している。かつてはこの穴に紐《ひも》を通し、連ねて持ち歩いていた。

銭紋で有名なのは、戦国時代に活躍した信州の武家・真田氏の**「六連銭」**である。これは死後に渡る三途の川の渡し賃を表したものだという。真田氏の決死の覚悟を表した紋であった。

年代が降ると、財宝の象徴として家紋に用いられたようだ。真田氏の他には紀氏族の滋野氏が用い、分布も滋野氏の勢力範囲に準じ、長野県を中心に群馬県、静岡県などに多い。

【裏波銭】

【地抜き寛永銭】

【六つ捻じ銭】

【永楽銭】

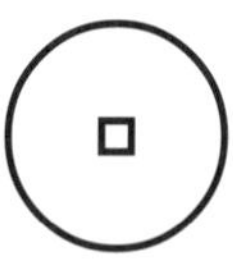

【青山銭】

【銭九曜】

【寛永銭】

【六連銭】

【東條銭】

瓶子紋

古くから神に供える酒や水を入れていた。肩の部分が張っているとっくりのような容器が瓶子である。容器そのものではなく、瓶子を袋に入れて、口の近くを紐で結んだ図案が多い。

神への崇敬を表した紋で、神職の系譜に多い

瓶子《へいし》は怒り肩のとっくりのような形をした、水や酒を入れる容器である。口の部分はとっくりとは違い、すぼまっている。古くから神に酒や水を供える時に、瓶子を用いていた。

紋は瓶子の口の部分が衣のひだのような揺らめきがあり、袋の口を紐で引き絞っているような表現で、瓶子を袋に収めた形が図案化されているようだ。御祓《おはら》いなどの神事の際に、神前に供えた酒などは神からの下り物としていただける。図案はその印かもしれない。

このことから、瓶子紋は神への崇敬を表現した家紋と考えられる。使用家は東日本に多く分布し、藤原秀郷の流れの毛野氏族や神職の系譜が目立つ。

【瓶子】

【石持ち地抜き瓶子】

【丸に神社瓶子】

【陰瓶子】

【変わり瓶子】

【三つ瓶子】

【丸に瓶子】

【丸に並び瓶子】

【六つ瓶子】

杏葉紋

古墳時代に中国大陸から伝わったとされる杏葉は、馬具の装飾品で、名は形が杏の葉に似ていたことに由来する。一見して馬具とはわからない紋で、一つ紋よりも抱き、割り紋が多く見られる。

公家、九州の有力大名が用いた装飾的に美しい紋

杏葉《ぎょうよう》は胸繋《むながい》、尻繋《しりがい》という馬具につける飾りである。胸繋と尻繋は、ともに鞍が前後にずれないように固定する紐《ひも》のことだ。

杏の葉の形に似ていたことから杏葉と呼ばれるようになったが、実際にはさまざまな形があったようだ。紋は先端が内側に曲がっているのが特徴で、一つ紋よりも抱き紋が多い。茗荷紋とよく似ており、過去の文献には混同も見られる。

『大要抄《たいようしょう》』には、勧修寺親維《かじゅうじちかのぶ》が車紋に用いていたと記載されており、はじめは装飾紋として用いられていたようだ。そこから中御門《なかのみかど》家などの公家が家紋として用いた。また、九州の戦国大名・大友氏や龍造寺氏、鍋島氏が用いたことで有名。

【立ち杏葉】

【三つ盛り抱き杏葉】

【抱き杏葉】

【園抱き杏葉】

【三つ割り杏葉】

【陰抱き杏葉】

【丸に一つ杏葉】

【大友杏葉】

【鍋島花杏葉】

糸巻紋

機織りをする際に、使用する糸を使いやすいように巻いておくのが糸巻である。形がユニークな身近にある道具として図案化され、衣装の模様に取り入れられた紋である。

身近な道具の形を取り入れた紋

糸巻《いとまき》は機織《はたお》りや裁縫《さいほう》の時に使用しやすいように糸を巻いておく道具である。機織りの時は染めた糸を、織機と杼《ひ》（横糸を通す道具）に利用しやすいように糸巻に糸を巻きつける。

糸巻の図案には、四本の柱のある苧環状《おだまきじょう》の糸巻や、凧揚げに使うような糸巻の他に、板状で四辺がくぼんでいるものがある。糸も巻いてあるものと巻いてないものがある。

平安時代末期の『源氏物語絵巻』の「竹河」の巻には、登場人物の衣装に糸巻文様が描かれている。

家紋としては江戸時代から用いられたようで、『寛《かん》政重修諸家譜《せいちょうしゅうしょかふ》』には、織田氏族の津田氏の「**糸巻に花菱**」、津下氏の「**枠糸巻**」などが載っている。

【一つ糸巻】

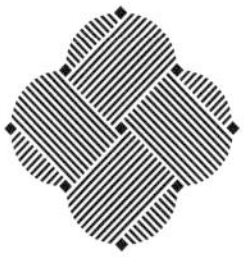
【糸巻】

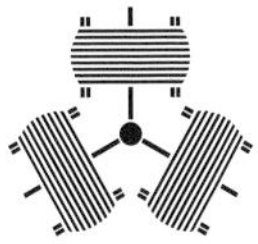
【三つ枠糸巻】

【重ね糸巻】

【枠糸巻】

【六つ組み糸巻】

【陰重ね糸巻】

【違い枠糸巻】

【六つ追い重ね糸巻】

槌紋

槌は釘や杭などを打ち込む大工道具である。金槌の頭の部分も木でできている、木槌のことを主にさしている。城攻めの際には、大手門を打ち破る道具として大型の木槌が用いられた。

大きさで招福や武運向上祈願と、込めた意味が変わる

槌《つち》は主に釘や杭を打ち込む大工や土木工事に使う木槌や金槌という道具の総称である。大きさも用途によってさまざまあり、図案も同じく打つ部分の胴にふくらみを持った小槌や長い柄の大槌がある。小槌柄には木目のあるものが多い。

城攻めの際、掛矢（頭の部分が大きく柄の長い槌）を用いて、閂《かんぬき》などで固めた大手門を打ち破っていた。このことから、「敵を打ち破る」という縁起を担いで、槌紋を用いたようだ。また、小槌は七福神の一人である大黒天の持ち物である。そのため招福的な縁起から、小槌紋を用いたとも考えられる。『寛政重修諸家譜《かんせいちょうしゅうしょかふ》』には、使用家として田沢氏、各務氏、南条氏が記載されている。

【一つ槌】

【丸に違い槌】

【三つ槌】

【木目槌】

【丸に違い柄長槌】

【丸に三つ槌】

【打ち出の小槌】

【三つ組み掛矢】

【丸に剣三つ槌】

鼓紋

鼓は能楽や雅楽など、伝統芸能の音楽で用いられる打楽器の一つである。お椀を二つくっつけたような胴の両端に張られた皮を手で打って、音を鳴らす。数少ない楽器紋である。

小鼓《こづつみ》が図案化された数少ない楽器紋の一つ

鼓はお椀を二つくっつけたような、胴の両側に皮を張ってある打楽器である。鼓の皮の部分を手や撥《ばち》で打って演奏をする。音は皮の張り具合で変わるため、緒という紐《ひも》を絞ったり、ゆるめたりして皮の張り具合を整える。

7世紀ごろに中国大陸から、散楽（能や狂言の原型）とともに日本に伝来したと言われる。雅楽や能などの日本の伝統芸能には欠かせない楽器だ。

主に小鼓が図案化されており、皮の部分を大きく描いたものや全体を写実的に描いた物、胴の部分のみを描いたものがある。過去の文献に使用家の記録がないため、氏族的な継承は不明。東京都を中心にした関東圏に分布する。

【真向かい鼓】

【調べ鼓】

【三つ並び鼓胴】

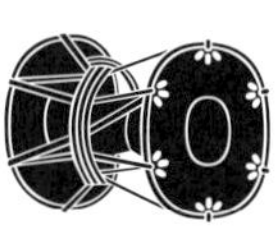
【置き鼓】

【二つ並び鼓胴】

【三つ鼓胴】

【解き鼓】

【違い鼓胴】

【三つ違い鼓胴】

輪鼓紋

鼓のように中央がくびれた独楽の輪鼓。2本の棒に渡した紐の上を、うまく回転させて遊ぶ玩具である。別名「空中独楽」とも言う。道具の形の美しさから家紋に用いられたようだ。

玩具を図案化した珍しい家紋の一つ

輪鼓《りゅうご》は鼓に似た形の独楽を、2本の棒に渡した紐の上を転がせて遊ぶ玩具である。棒を巧く操ると、独楽《こま》の綱渡りをするだけでなく、空中に投げ上げて紐に絡め取るということもできる。別名「空中独楽」と言われる玩具である。現在でも、落語や演芸を興行する演芸場の曲独楽芸の中で、輪鼓の芸を見ることができる。

家紋は輪鼓の三角形を二つくっつけたような左右対称形の図柄である。『羽継原《はねつぐはら》合戦記』『見聞諸家《けんぶんしょか》紋《もん》』に内藤氏が**「輪鼓に手鞠」**と記載され、『寛政《かんせい》重修諸家譜《ちょうしゅうしょかふ》』には、内藤氏の他に滝氏、田中氏が使用家と載っている。特徴的な分布地域は見受けられない。

【立ち輪鼓】

【並び輪鼓】

【四つ入り合い輪鼓】

【変わり立ち輪鼓】

【三つ輪鼓】

【四つ立ち輪鼓】

【丸に立ち輪鼓】

【三つ寄せ輪鼓】

【亀甲輪鼓】

杵紋

餅つきの時に活躍する杵は、かつては米などの穀物の籾をとる脱穀作業にも用いられていた。上下に打ち手がついている手杵が図案化された紋で、五穀豊穣の恵みを願って用いられた。

五穀豊穣の享受を願う紋として用いた杵《きね》

今では餅つきの時のみに槌形の横杵を使用しているが、古くは収穫した穀物の脱穀の時にも用いられていた。

初めは棒状の手杵を用いていたが、餅つきにも便利なように両端に末広の円柱がつけられた棒の竪杵が誕生した。現在のような横杵が使用されるようになったのは江戸時代からである。家紋は、竪杵の図柄である。

収穫物を脱穀する道具であり、慶事には餅をついて祝う風習があったことから、豊穣と祝福の象徴として用いられたようだ。『寛政重修諸家譜』に、清和《せいわ》源氏武田氏族折井氏が「**三手杵**」、中原氏族駒木根氏が「**違い手杵**」などが載る。

【手杵】

【違い杵】

【十字杵】

【丸に一つ杵】

【丸に違い杵】

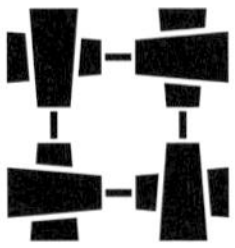
【杵井筒】

【月に杵】

【丸に変わり違い杵】

【杵菱】

五徳紋・鍵紋

五徳は、囲炉裏や火鉢で煮炊きができるようにする道具。儒教の教えの「五徳」に通じることから、家紋に用いられた。鍵は錠と対で用いられ、錠をかけたり、開けたりする道具である。蓄財を守る家紋とされた。

五徳《ごとく》は徳を、鍵《かぎ》は蓄財を象徴する家紋

五徳は囲炉裏などの炉の中に立てて、鍋などを置いて煮炊きしやすくする道具である。もとは竈《くど》子《こ》、火床《くとこ》と呼ばれていた。

戦国時代に茶室の小さな炉で竈子の脚《あし》（爪）を上にして使用され、名前も逆さにして「ごとく」と呼ばれた。その音が儒教の〝仁、義、礼、智、信〟の「五常の徳」に通じるため、「五徳」があてられた。

家紋の図案は幾何学的にデザインされ、『寛政重《かんせいちょう》修諸家譜《しゅうしょかふ》』に疋田《ひきた》氏の使用が認められる。

鍵は錠と対になって用いられる道具で、戸に錠をかけたり、開けたりする時に用いられる。蓄財の象徴として家紋に用いられ、『寛政重修諸家譜』には使用家として土肥氏が掲載されている。

【丸五徳】

【据え五徳】

【丸に房付き鍵】

【真向かい五徳】

【変わり据え五徳】

【二つ鍵】

【五徳菱】

【鍵】

【糸輪に違い鍵】

轡紋

轡は、乗馬の際に馬にかませて、両端に手綱を繋ぐ道具である。騎馬の象徴として尚武的に用いられていたが、キリスト教が禁止されてからは図案の中に十字架を忍ばせて用いられるようになった。

用いた年代によって意義の変わる紋

轡《くつわ》は乗馬の際に馬を操作する手綱をつけるための道具である。馬の口に轡をかませ、その両端に手綱を繋ぐ。騎馬を象徴する道具として、武運長久などの意義で図案化された紋章が用いられた。

天正15（1587）年にキリスト教が禁止されると、隠れキリシタンが、轡紋の中に十字架を忍ばせて用いるようになったという。

室町時代の家紋帳『見聞諸家紋《けんぶんしょかもん》』には十字架を想像させる紋はなく、江戸時代の『寛政重修諸家譜』には島津氏支流の後藤氏使用の**「轡十文字紋」**が見られる。他の使用家は、大草氏が**「掛轡紋」**、浅井氏が**「続轡紋」**、島崎氏が**「花轡紋」**、**「轡紋」**では嶋氏、久保田氏、下田氏が認められる。

【轡】

【花轡】

【三つ繋ぎ轡】

【出轡】

【十字轡】

【変わり三つ重ね轡】

【万字轡】

【重ね角轡】

【掛け轡】

猿紋・釜敷紋

厄除けの括り猿を文様化した猿紋。煮炊きした熱の冷めない鍋釜を床に置くために敷く釜敷を、文様化した釜敷紋。猿紋は厄除けに、釜敷は造形の美しさから家紋に用いられた。

猿《さる》紋は厄除けに、釜敷《かましき》は茶道の象徴として用いられた

猿紋は庚申《こうしん》の御守である括《くく》り猿を図案化した家紋である。人間の体内には行いの善悪をはかる3匹の虫がおり、庚申日に天帝へ報告されて寿命の長短が決定されるという。この時、寿命が縮められないように身代わりの御守が括り猿である。

家紋は三日月に半円がついた、猿が手足を投げ出しているような形で、奈良県や京都府に使用家が多い。

釜敷は、煮炊きした鍋などを台や床に置く時に、釜の下敷きにする道具。茶道では炭手前をする際に、炉から釜をあげる時に欠かせない道具である。家紋は幾何学的で美しい文様で、茶道に関わる家が家紋として用いていた。

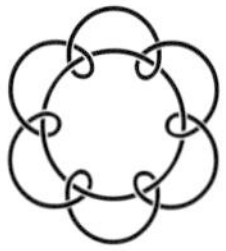
【七つ結び釜敷】

【変わり三つ括り猿】

【変わり括り猿】

【日向釜敷】

【畳釜敷】

【糸輪に括り猿】

【籠目釜敷】

【五つ結び釜敷】

【三つ寄り括り猿】

輪宝紋

輪宝とは仏教では釈迦の教えを広く伝える象徴である。仏像崇拝が始まる前は、転輪聖王の法を具現化した重要な法具であった。輪宝紋は仏教伝来とともに伝わった紋章である。

仏教とともに伝わった最も古い紋章

輪宝《りんぽう》は古代インドで理想の統治者とされる転《てん》輪聖王《りんせいおう》の持ち物の一つである。転輪聖王は最高の徳の持ち主で、武力でなく法による統治を行う王とされる。輪宝は転輪聖王の法を具現化したもので、転がすことであまねく法を知らしめ、世界を治めることができるという。

この転輪聖王の思想が仏教に取り入れられた際、王の法を知らしめる輪宝が、仏教の教えをあまねく伝える道具として象徴化された。輪宝紋は仏教とともに日本に伝来し、仏教崇拝とともに広まっていった。最古の紋章は、奈良の薬師寺にある薬師如来像の足裏に描かれている紋である。代表的な使用家は、天日槍尊《あめのひぼこのみこと》の末裔とされる三宅氏。

【輪宝】

【丸に三つ輪宝】

【加納輪宝】

【大日輪宝】

【五つ輪宝】

【成田輪宝】

【筆形輪宝】

【六つ輪宝】

【三宅輪宝】

金輪紋

錫杖の頭に連なってついている金輪を図案化した家紋。細い輪がいくつも連なった知恵の輪のような形で、この錫杖を鳴らすことで煩悩を祓い知恵をもたらすと言われる。

錫杖《しゃくじょう》の輪が連なったシンプルな家紋

金《かな》輪《わ》紋は錫杖《しゃくじょう》の頭についている6～12個の金属の輪（遊《ゆ》鐶《かん》）を図案化した家紋である。細い円を3～9つ組み合わせたシンプルな図柄である。

錫杖は仏教の教えを伝え歩く修行僧が持ち歩いた杖で、山野を歩く際は地を突いて遊鐶を鳴らして獣や毒蛇から身を守ったという。

仏教の教えの中では、錫杖は鳴らすことで煩悩を祓《はら》い知恵をもたらす道具とされる。厄払いや信仰的な意義で用いられた家紋と推測される。

文献には氏族的な継承例は見受けられない。児島氏、龍崎氏、富居氏、副島氏、染谷氏、安田氏などが用いるが、使用家は少なく特徴的な分布は見受けられない。

【三つ金輪】

【五つ組み金輪】

【糸輪に金輪結び柏】

【四つ金輪】

【六つ組み金輪】

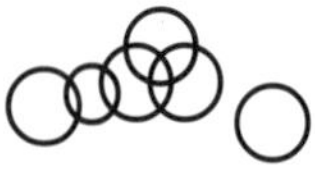

【守山金輪】

【組み合わせ四つ金輪】

【毛輪に十曜金輪】

【花形金輪】

鐶紋

鐶は古い箪笥や伝統工芸の箪笥などの引き出しについている金属の取っ手のような、半円形の金属鐶のことを言う。日常生活用品の一部が図案化された家紋の一つである。

取っ手の図柄、もしくは木瓜紋の一部を抽出した紋

鐶《かん》は金属で作られた箪笥の取っ手や鉄瓶の持ち手、茶釜の両脇についている持ち手などの半円形の金属棒のことである。

鐶紋はその持ち手の形を図案化したもの、もしくは木瓜紋の外側に描かれている円弧柄の窠《か》紋を抽出したものと言われる。

家紋は3～9つの鐶を組み合わせた図柄があり、他の紋との組み合わせも多い。使用家は『阿波国旗《あわのくにき》下幕紋控《かまくもんひかえ》』に光富氏、本原氏、櫛淵氏、宮内氏が**「二つ鐶」**、谷氏、大谷氏、伊良原氏が**「二つ鐶に一文字」**、『寛政重修諸家譜《かんせいちょうしゅうしょかふ》』には松波氏が使用と掲載されている。現在では、東日本に使用家が多く分布している。

【外三つ鐶】

【外五つ鐶】

【六条鐶桜】

【繋ぎ三つ組み鐶】

【外八つ鐶】

【鐶輪】

【外四つ鐶】

【外鐶桜】

【唐鐶木瓜】

車紋

車紋は御所車（牛車とも言われる）の車輪を図案化した家紋。幾何学図形を組み合わせて車輪を象っている優雅な図柄で、衣装などの文様から家紋に用いられた。

藤原秀郷流佐藤氏、榊原氏の代表家紋の一つ

車紋は平安時代に貴族たちが用いた乗り物である牛車《ぎっしゃ》の車輪を図案化したものである。牛車は主に宮中に参内する際に用いられたため、別名「御所車」と呼ばれた。

車紋は**「源氏車」**とも呼ばれるが、これは『源氏物語絵巻』に描かれた牛車の車輪柄を紋章に用いたことに由来する。衣装などに施される図柄としては平安時代から用いられていたが、家紋として用いられたのは鎌倉時代からである。

代表的な使用氏族には、藤原秀郷流の佐藤氏、伊勢神宮外宮に榊を奉納していた榊原氏がある。榊原氏は、奉納品を運搬するの際に用いた錦を飾った御所車にあやかっているという。

【榊原源氏車】

【十二本骨源氏車】

【源氏車】

【生駒車】

【陰源氏車】

【丸に源氏車】

【三つ割り重ね源氏車】

【中陰源氏車に波】

【六本骨源氏車】

船紋

船は古くから海運を司る乗り物である。図柄は帆掛け船、宝船、笹舟の3種類があり、宝船紋は吉祥をもたらすとして、帆掛船紋は海運業を営んでいた家などが用いた。

海運業や水軍に関係した家に用いられた紋

船《ふね》は海や川などの水上を進む乗り物である。昔は潮の流れだけでなく風の力を利用した帆《ほ》掛《か》け船が海の上を行き、海運業を支えていた。

家紋は**帆掛船**、**宝船**、**笹舟（木の葉船）**の3種類の図柄があり、それぞれ用いられた意義が異なる。帆掛け船は海運や水軍の象徴として、宝船は吉祥を運ぶとして家紋に用いられた。

帆掛船紋は、水軍を率いたり、海運業を営んでいた名和氏族が主に用いる。『伯耆巻《ほうきのまき》』『船上記』によると、後醍醐《ごだいご》天皇から戦功の恩賞に下賜された紋と記されている。使用家も名和氏族の一族の村上氏、伊津野氏、嘉悦（加悦）氏などになり、戦国時代には四国の覇者・長宗我部氏も用いていた。

【帆掛船】

【糸輪に帆掛船】

【宝船に波】

【丸に帆掛船】

【島津真向かい帆掛船】

【木の葉船】

【丸に帆掛船に波】

【宝船】

【梶の葉船】

帆紋

帆は風を船の推進力として利用するために張られた大きな布である。帆掛船紋から転化して、海運業や水軍が用いた家紋である。丸に帆や帆巴、水に帆、波に三つ帆などがある。

帆掛船から転化された船に関連する家の紋

帆《ほ》は船に備えつけられる大きな布である。帆柱に帆を張って風を受け止め、船の推進力として利用する。

家紋はその帆を図案化したもので、1〜5つの組み合わせや波を組み合わせたものがある。使用家は帆掛船紋を掲げた名和一族に多く、帆掛船紋から転化したものと考えられる。使用意義も同じく海運業を営んでいた、もしくは水軍を率いていた象徴として用いられたと思われる。

名和氏族の村上氏、嘉悦（加悦）氏、布施氏などのほかに、帆足氏や船村氏などの船に関連する名字の家で家紋に用いられている。名和氏の本拠であった鳥取県、島根県などに使用家が多い。

【水に帆】

【二つ帆の丸】

【波に三つ帆の丸】

【丸に帆】

【抱き帆】

【四つ帆の丸】

【帆巴】

【三つ帆の丸】

【五つ帆の丸】

碇紋・錨紋

海上で船を停留させるために海底へ降ろした碇は、強い潮の流れにも負けずに留まるというイメージから、蓄財や力強い軍事力を象徴するものとして家紋に用いられた。

船を停留させる力が、蓄財や軍事力の象徴にされる

碇《いかり》は海上に船を停留させるために海底へ降ろした爪の付いた道具である。この爪を海底にひっかけて船を繋ぎ止める。古くは石造りで「碇」という字をあて、近代になって汽船が登場して金属製のものが作られ、「錨《いかり》」の字があてられた。

強い海流の中でも海上に船を停留させるという意義から、財宝を留まらせる、もしくは攻めてきた敵を受け止めて踏ん張ることができるという象徴に、**碇紋**を用いたという。2本爪の**海軍錨**などは、近代から用いられた家紋で、海軍の将校や船員が好んだという。使用家は戦国時代に今川家で水軍を率いた伊丹氏など。香川県、愛媛県、兵庫県などの瀬戸内海沿岸に多く分布する。

【錨】

【錨桐】

【綱付き錨】

【二つ錨】

【錨酢漿草】

【海軍錨】

【三つ錨】

【錨桜】

【汽船錨】

櫂紋・舵紋

櫂は水をかいて小船などの推進力を生むオールのことで、舵は艫（船尾）に取りつけて、水をかいて船の進路を操作する道具である。どちらも海に深く関わった家が家紋に用いた。

海にゆかりのある家の家紋、櫂《かい》紋と舵《かじ》紋

櫂は小船などの船の推進力となるオールのこと。水をかいて船を進ませ、進路も操作する。

戦国時代の大名・小西行長の末裔が、違い櫂に十字を添えた紋を家紋にしている。行長が豊臣政権下で舟奉行として水軍を率いていたことに由来すると思われる。海運業にゆかり深い都市がある大阪府、徳島県、宮城県に使用家が多く分布する。

舵は艫《とも》（船尾）に取りつけて、船の進路を操作する道具である。船の進路を決定する道具の意味から、物事の進路を決定する象徴として家紋に用いられたと考えられる。

『寛政重修諸家譜《かんせいちょうしゅうしょかふ》』には、桓武《かんむ》平氏織田氏流の藤懸氏、菅原氏族の堀氏が使用家と掲載されている。

【丸に一つ舵】

【三つ重ね櫂】

【丸に違い櫂】

【丸に違い舵】

【櫂井桁】

【丸に三つ組み櫂】

【三つ舵】

【菱内に違い櫂に十字】

【三本並び櫂】

宝結び紋

結ぶ、縛るなどの行為は、かつては呪術的な要素が含まれていた。糸などを結ぶ図柄は神と人、もしくは人間関係を繋ぐ縁結びの呪術とされ、果てなく繋がっている宝結びは無限の幸福の象徴である。

無限に続く多幸の祈りが込められている家紋

宝結《たからむす》びは終わりなく続く繋《つな》がりを示した文様で、多幸が無限に続く祈りが込められている。

「結び」の行為は、古くから人と人との繋がりだけでなく、神と人、幸運と人を繋ぐ呪術とされた。お祝いの贈り物に付ける水引や仏像の装身具である華鬘《けまん》結びも、この「結び」を寿《ことほ》ぐ印である。

宝結びの図柄は、1～2本紐が繰り返し結ばれている形にである。一見、中国の八宝文様の一つである盤長《ばんちょう》文様（長寿を祈願する紋）に似ている。

室町時代の『見聞諸家紋《けんぶんしょかもん》』には後藤氏が**花鬘結《けまんむす》び**と違い鷹の羽の組み合わせで用いていたと載る。現在は埼玉県、群馬県、千葉県、宮城県、茨城県に使用家が分布する。

【宝結び】

【宝結び胡蝶】

【三つ寄せ一つ宝結び】

【角宝結び】

【蝶形宝結び】

【三つ寄せ角宝結び】

【花鬘結び】

【鍬形宝結び】

【石持ち地抜き角宝結び】

祇園守紋

祇園守とは祇園精舎の守護神である牛頭天王の信仰からきている。紋は護符や牛頭天王祭文を記している巻物を筒状にして図柄に用いている。牛頭天王を祀る八坂神社の氏子を中心に発展した家紋である。

牛《ご》頭《ず》天王《てんのう》信仰によってもたらされた紋

祇園守《ぎおんもり》紋とは、京都府の八坂神社が配布する蘇《そ》民将来符《みんしょうらいふ》や粽《ちまき》を図案化した紋章である。八坂神社は、怨霊《おんりょう》を退散させるために素戔嗚尊《すさのおのみこと》を祀り、祈願している。また神仏習合によって熱病快癒に効果のある梅檀《せんだん》の産地牛頭山の神・牛《ご》頭《ず》天王《てんのう》を疫病祓いの神として素戔嗚尊と結びつけて崇拝していた。そのため、八坂神社の氏子に多い紋である。

図柄は、筒があるものと、ないものとがある。

形状は丸と菱形が基本だが、扇状、角も見られる。

使用家は八坂神社の氏子はもちろんのこと、『寛《かん》政《せい》重修諸家譜《ちょうしゅうしょかふ》』によると備前国（岡山県）の池田氏、筑後国（福岡県）の立花氏、伊丹氏、原田氏、中川氏、鍋島氏、大友氏などが用いている。

【祇園守】

【池田守】

【扇祇園守】

【細川守】

【御札守丸】

【筒祇園守菱】

【因州守】

【銀杏祇園守】

【隅立て祇園守】

熨斗紋

慶事や祝い事、贈りものなどに添えられる熨斗。古くは鮑をのしたものを神に供えていた。現在は紙を折ったものを代用している。紋は熨斗を束ねたり、丸や菱形に図案化したものである。

武運長久として武将たちに用いられた熨斗鮑《のしあわび》

熨斗は伸しが語源だとされる。熨斗はもともと鮑の肉を薄く削ぎ、火熨斗《ひのし》（アイロンに似た形状）で延ばしてから干したものを神に供えたものであった。現在では四角い紙を細長い六角形に折って、熨斗鮑の代わりに黄色い紙を張り、慶事や祝い事に用いられたり、贈りものに添えられる。古くから延寿に通じるとされる。

図柄は、熨斗鮑を見たてた文様になっており、束ねて立たせたもの、丸を作ったもの、丸に結び熨斗、菱形にしたものなどがある。戦国時代には武運長久として、勝栗、勝魚とともに鮑が、合戦前後の祝膳に供された。そのため使用家は清和《せいわ》源氏頼親流の井関氏、三宮氏、岩竹氏などが用いる。

【立ち束ね熨斗】

【違い熨斗】

【三つ熨斗に玉】

【分銅熨斗】

【熨斗菱】

【隅切り角に結び熨斗】

【熨斗の丸】

【三つ寄せ熨斗】

【熨斗蝶】

久留子紋

イエズス会のフランシスコ・ザビエルによって鹿児島に伝えられたのが、日本キリスト教の始まりである。当時の社会情勢の不満から、またたく間に広がるも禁教令が出る。信徒たちは、久留子を巧みに家紋に取り入れた。

近畿地方、九州地方に多く見られる紋

久留子《くるす》とはポルトガル語のクロウズのことで、十字架を意味する。イエス・キリストが処刑された時に用いられたのが、十字架であったため、キリスト教では神聖なものになった。

天文18（1549）年に、イエズス会によってキリスト教が日本に伝わると、大名から百姓、町人までもが信徒になったという。

禁教令が出ると久留子は、巧みに家紋などに取り込まれるようになる。図柄は十字型で、丸に久留子も多く見られる。

使用家は戦国大名の池田氏、高山氏、伊丹氏、能勢氏、中川氏などがある。現在は、キリスト教が流行した近畿や九州に多く見られる。

【十字久留子】

【花久留子】

【子持花久留子】

【堀久留子】

【花久留子菱】

【内田久留子】

【切竹久留子】

【花轡久留子】

【中川久留子】

第八章

建造物紋

井筒紋・井桁紋／垣紋／千木紋・堅魚木紋／鳥居紋／澪標紋・ホイノシ紋／水車紋／直違紋

建造物紋とは…

家屋の建築に用いるもの、人間の生活に重要な役割をする水周りの建造物、神域と日常の空間を区別する役割をする寺社建造物、寺社建築に関係するものなど、私たちの生活に密着した建造物が紋となっている。

水周り、神域、家屋建築などが図案化された建造物紋

「建造物紋」とは、家屋や家屋建築に関連するものや、寺社建造物、土木などに関連するものなどが図案化されたものである。

井筒紋、井桁紋の基となった井戸や手水は、生活には欠かせないものだった

身近なものでは、現在でも地方に行けば使われている井戸を表す**井筒《いづつ》紋**と**井桁《いげた》紋**がある。水は人間はもちろんのこと、動植物の生命にとって重要なため、古くから大切にされた。

特に江戸時代以前は、井戸が町内や長屋などに設置されており、重要な役割を担っていた。

井筒紋は、井戸の地中に埋った円形部分のことを言う。地上に出ている井の字型の木組み部分を井桁と言う。井筒紋も井桁紋も井の字がつく氏に多い家紋である。

水車は、水の力を利用して農作業の動力源として、田畑に水を引いたり、穀物の脱穀に利用された。平安時代には紋様として用いられていた。水車の羽車の柄杓《ひしゃく》部分が槌《つち》に似ているため、槌車《つちぐるま》とも呼ばれる。

水車は田畑へ水を供給するだけでなく、脱穀や粉ひきなどにも利用された。右の家紋は「浪に水車」になる

水に関連する家紋としては、澪標《みおつくし》紋とホイノシ紋があげられる。澪標とは、船に水路（水脈《みお》）を知らせる役割をする杭の標識のことである。〃身を尽くす〃の音が、家臣が主君に身を尽くすに通じるとして武家が家紋として用いた。ホイノシとは、鮑形をした水溝を紋章化したものである。

神社建造物では、垣《かき》紋、千木《ちぎ》紋・堅魚木《かつおぎ》紋、鳥《とり》居《い》紋がある。垣とは、神社の境内の神域と日常空間とを区別する役割をしている。垣紋に用いられるのは、みずみずしい意味がある瑞垣を形象化したものである。

標のない海を漂わないよう、潮の流れを示した澪標。音を忠義を尽くすという意味にとらえた

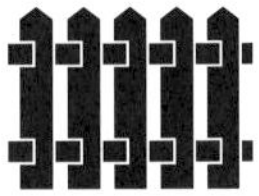
神社の神域を区切る玉垣を、紋章化した垣紋

千木とは、神社の本殿の神聖さや尊厳を表す装飾になる。

堅魚木は、本殿の屋根の上に棟木と直交して横に並べられるもので、形状が鰹節《かつおぶし》に似ているため、鰹木、鰹とも書かれる。

鳥居は神社の神域の入口を示すもので、日常の空間とを区別する役割がある。また、邪悪なものが入らないための結界の役割もする。この鳥居を家紋にするのは神職関係者に多い。

直違《すじかい》紋は、家屋建築の時に柱と柱の間に斜めに入れる補強用の木材である。筋交い、筋違い棒などとも言われる。強さを表すものとして、武将が家紋に用いた。

神域の入口を示す鳥居を象った紋章。家紋は神に仕える神職の家系に用いられた

また、本書では紹介していないが、籠の中に石を詰めて河川の治水に用いられる追洲流《おうすながし》、城などの屋根の破風《はふ》につけられた装飾の懸魚《げぎょ》・六葉《ろくよう》、神社の社殿の縁につく手摺《てすり》である欄干《らんかん》の家紋もある。

井筒紋・井桁紋

苗字に井の字がつく人が用いる家紋。古くは水は生命の象徴であり、水の湧く場所は水神として祀られていた。紋章は井戸の部分を図案化したもの。井筒は正方形、井桁は菱形で表される。

生命の象徴・水をためる井戸を表す井筒《いづつ》紋と井桁《いげた》紋

井筒とは井戸の地上に出ている円形部分、もしくは正方形の木組みの部分のことを言う。井筒の一番上にある井の字型の木組み部分を井桁と言う。

古くから水は、私たち人間や動植物の生命のもとであり、生命の象徴で、幸せを招くとされた。また、水の湧く場所は水神として祀られた。そのため井戸は大切にされていた。

円形だった井筒は、紋では正方形で表され、井桁は、菱形になる。井の字がつく苗字は、この井桁から作られたと言われる。

図柄は先でも述べたように正方形が井筒になる。どちらも重ね、組み合わせ、違いなどがある。重ねの**平《ひら》井筒**、**丸に平井筒**、**組み平井筒**や、**隅立て井筒**、**折り込み井筒**、**三つ寄せ井筒**、**違い井筒**などがある。

井桁は菱形になり、**腰低細井桁**、**丸に井桁**、**丸に三つ持ち合い井桁**、**三つ井桁**、**上下組み合わせ井桁**、**太い線と極細の線の組み合わせの子持ち井桁**などがある。

使用家は、『見聞諸家紋《けんぶんしょかもん》』によると、甲斐氏、長井氏、石井氏、井伊氏、福井氏などが井筒紋を使用している。

井桁紋は溝口氏、井伊氏、奥山氏、河井氏、酒井氏、一井氏、北村氏、夏目氏、浜崎氏、高城氏をはじめに、井上氏、今井氏、三井氏、井戸氏、井田氏、石井氏など、苗字に井がつく氏が多い。

また、企業では三井系の企業と、住友系の企業が、井筒紋、井桁紋を使用している。

【丸に井の字】

【折り込み井筒】

【隅立て組井筒】

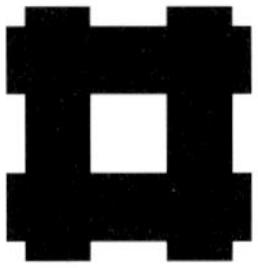
【平井筒】

【丸に結び井筒】

【三つ寄せ井筒】

【隅立て太井筒】

【丸に平井筒】

【石持ち型井筒崩し】

【違い井筒】

【丸に隅立て井筒】

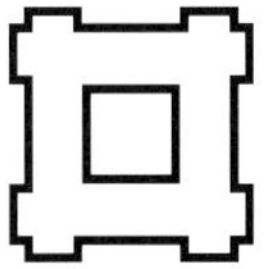
【陰平井筒】

【輪違い井筒】

【七角井筒に三つ巴】

【中輪に隅立て井筒】

【組み平井筒】

【六角花井筒】

【組み合わせ井筒】

【井筒崩し】

【隅立て井筒】

【井桁に木瓜】

【石持ち地抜き井桁】

【陰井桁】

【井桁】

【三角井桁】

【中輪に三つ持ち合い井桁】

【子持ち井桁】

【太井桁】

【結び井桁菱】

【丸に井桁に二つ木】

【腰低細井桁】

【組み井桁】

【唐井桁】

【反り井桁】

【変わり組み井桁】

【違い井桁】

【庵井桁星】

【井桁に三つ星】

【丸に井桁】

【組み合わせ井桁】

垣紋

神社の境内をぐるりと囲んでいる垣。これは日常の空間と神が住む神域とを区別する役割をしている。この垣紋を好んで使用したのは、藤原氏秀郷流の大岡氏と、藤原北家教実流の大岡氏が代表。

日常空間と神域を区別する垣根《かきね》を図案化した紋

垣とは神社の境内《けいだい》と境外の間に設けられた垣根《かきね》のことで、日常の空間と神域を区別する役割をする。玉垣、斎垣《いかき》、瑞垣《みずがき》などを言う。石柱を並べたものが基本だが、柴《しば》で編んだ柴垣、竹で編んだ竹垣などがある。

瑞垣は水垣とも表記されるように、みずみずしい垣の意味があり、紋はこの瑞垣を形象化したものである。

図柄は垣根の縦木の数で、五本玉垣、常磐垣、竹垣などに分類される。使用家は『寛政重修諸家譜《かんせいちょうしゅうしょかふ》』によると、藤原氏秀郷流の大岡氏、江戸時代の名奉行の大岡越前を輩出した藤原北家教実流の大岡氏、橘氏族の鷹野氏などが用いている。

【五本玉垣】

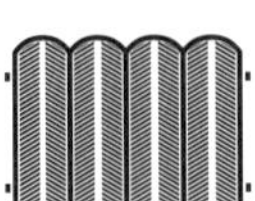
【竹垣】

【常磐垣】

【七本瑞垣】

【唐檜垣】

【玉垣に轡】

【大岡越前守】

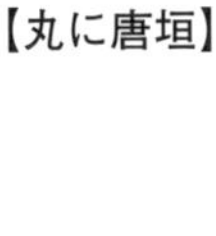
【丸に唐垣】

千木紋・堅魚木紋

神社の神殿の屋根に飾られる千木・堅魚木。本殿の神聖さと尊厳さを表す、神社建築のシンボルである。千木だけ、千木と堅魚木を組み合わせ図案化したのが、千木紋・堅魚木紋である。

神社建築のシンボル千木《ちぎ》・堅魚木《かつおぎ》を紋にした

出雲大社の本殿の屋根に付いている千木と堅魚木

千木とは神社の本殿の屋根の上に交叉して突き出ている部分を言う。これは本殿の神聖さや尊厳を表す装飾である。この千木は、鎮木、知木とも書かれる。

千木には千木の先端が垂直に切られている外《そと》削《そぎ》と、先端が水平に切られている内削《うちそぎ》がある。また、千木に付けられている穴を風穴と言うが、これは神社によって数が異なる。

堅魚木は鰹木、勝男木、葛緒木、鰹とも書かれる。堅魚木は本殿の屋根の上に棟木《むなぎ》と直交して横に並べて使われている。形状が鰹節《かつおぶし》に似ているため、鰹木と呼ばれる。

図柄は、交差させている千木を描いたものと、堅魚木を千木の下に描いたもの、堅魚木を千木の上に描いたものがある。使用家は『寛政重修諸家譜《かんせいちょうしゅうしょかふ》』によると、伊予国（愛媛県）の加藤氏が千木堅魚木を、他には遠山氏、松田氏が用いる。

【千木】

【千木堅魚木】

【大洲堅魚木】

鳥居紋

鳥居は神社の入口にそなえられている、神社の建造物のシンボルの代表である。神域を表し、結界の役割もする鳥居を紋にするのは、神社創建や神職関係者などになる。

神職関係、氏子、信仰者が用いる紋

神社の入口のすべてにそなえられている鳥居《とりい》。この鳥居は、神社の境内の入口を示す神門になる。ここから神域の入口だということを示す建造物であり、邪悪なものが入らないための結界《けっかい》の役割も持つ。鳥居は朱色のものが多いが、これは古来、朱色は魔除けの力があると信じられているためだ。

図柄は鳥居を描いたもの、**鳥居と垣**、**鳥居と対いの鳩**、**鳥居と三日月**、**鳥居に大の字**、**鳥居に竹**、**鳥居垣に左三つ巴**など、神社と関連するものを組み合わせたものがある。

使用家は『羽継原《はねつぐはら》合戦記』によると宮崎氏が鳥居紋を用いたのが初見と言われる。他には鳥居氏、大久保氏、宇都野氏、瀬尾氏、宮内氏などが用いる。

【鳥居】

【丸に神宮鳥居】

【鳥居に竹】

【鳥居と垣】

【鳥居に大の字】

【鳥居垣に左三つ巴】

【鳥居に対い鳩】

【鳥居と三日月】

【鳥居に二本杉】

澪標紋・ホイノシ紋

澪標は水脈（安全な航路）を船に知らせるためのもの。「身を尽くす」の音に通じると武家が用いた。ホイノシは庭などに作られた鮑形をした水溝を表す。2つとも水に関係する建造物紋である。

水に関連する澪標《みおつくし》紋とホイノシ紋

澪標とは深い部分に杭を立て、船に水路（水脈《みお》）を知らせる役割をする標識である。水脈の音が「身を尽くす」に通じるとあって、家臣が主君に身を尽くすという意味で、武家がこの紋を用いた。

図柄は、木材を又字状に組み支柱や横木を加えたものになる。使用家は、『寛政重修諸家譜《かんせいちょうしゅうしょかふ》』によると、戸川氏、阿部氏、正岡氏などが用いる。

ホイノシは鮑石と書く。この紋の由来はさまざまあるが、鮑形をした水溝が紋章化されたものだと言われる。図柄は上部に流水路と思われる年輪状の輪が描かれており、軸は取水、排水路と考えられる。使用家は、豊後国（大分県）の木下氏、茶道家千家が用いる。

【澪標】

【丸に変わり澪標】

【鮑石】

【丸に澪標】

【一つ波に澪標】

【木下独楽】

【変わり澪標】

【鮑石】

【三つ鮑石】

水車紋

今なお地方に行くときれいな川や田んぼなどで見られる水車。農作業の動力源として使用される。文様として平安時代から用いられる水車の部分を、柄杓に代えて図案化したものである。

東北の藤原秀郷流、安倍氏系に多く見られる紋

水車《すいしゃ》は古くから川の流れや、落ちる水を羽車に当てまわし、米や穀物などの脱穀をしたり、粉にするためや、田や畑の灌漑《かんがい》（水を引いて土地をうるおす）に使われる造営物である。

水車の紋様は、平安時代の誕生と言われる。図柄は水車の羽車の部分を柄杓《ひしゃく》を用いており、槌《つち》（柄の付いた物をたたく道具、木槌など）に似ているため、槌車とも言われる。この柄杓が5～9つあり、水車に水、水車に源氏車の組み合わせがある。

使用家は極楽寺氏、下総国（千葉県）の土井氏、陸奥国（青森県、岩手県）の柴山氏、星田氏、藤原秀郷流の佐藤氏、荒川氏、安倍氏族の東海林氏、藤崎氏などになる。

【六つ水車】

【八つ水車】

【細輪に水車に水】

【八つ水車に源氏車】

今なお、田畑の灌漑や穀物などの脱穀に使われる水車。家紋には羽車の部分を柄杓に変えて描かれている

第八章 建造物紋

直違紋

直違とは家屋建築の柱と柱の間に斜めに入れる木材のことだ。また、門前に組む死者封じの竹だと言われる。由来は不明であるが、補強材にちなんで、強さを表すとして武将が家紋に用いていると考えられる。

家屋建築の補強材にちなんだ直違《すじかい》紋

直違とは家屋建築の時に柱と柱の間に補強のために、斜めに入れられる木材のことである。筋交い、筋違い棒などとも言われる。

図柄の基本は、直違いを表す2本の直線を、×《バッテン》状に交差させたものになる。**直違**は太い線で、それより**丹羽直違**は細く、他には3本を使った**三つ組み直違**、**四つ組み直違**、**六つ組み直違**、**くの字木菱直違**、竹に見せた**竹直違**などがある。

使用家は、『見聞諸《けんぶんしょ》家紋』で見ると、相模国（神奈川県）の波多野氏一族の松田氏、河内氏、陸奥国（青森県、岩手県）の丹羽氏、武蔵七党の宮寺氏、陸奥国の川村氏、大萱生《おおがゆう》氏、玉山氏などが用いている。

【直違】

【組み直違】

【六つ組み直違】

【丸に直違】

【三つ組み直違】

【くの字木菱直違】

【丹羽直違】

【四つ組み直違】

【竹直違】

第九章 文様紋・文字紋・図符紋

亀甲紋／唐花紋／麻紋／菱紋／花菱紋／木瓜紋／巴紋／輪紋・輪貫紋／輪違い紋／鱗紋／引両紋／石畳紋／目結紋／文字紋／万字紋／折敷に三文字紋／源氏香紋

文様紋・文字紋・図符紋とは…

古くから着物の図柄や調度品に用いられた文様を、家紋にした文様紋。文字をあしらって家紋にした文字紋。ものを説明するために文様化し、家紋にした図符紋。まさに家紋は日本人の叡智の集大成である。

縁起、信仰、吉兆などを表現する文様《もんよう》・文字《もじ》・図符《ずふ》紋

「文様紋」とは、衣装や調度品などのさまざまな物品に描かれた図柄を、家紋に用いたものになる。**「文字紋」**とは、名のごとく文字を図柄にし、家紋としたもの。**「図符紋」**とは、あるものの説明を図に描いたもの、説明をするために描かれたものである。文様紋としては、亀甲《きっこう》、唐花《からはな》、麻《あさ》、菱《ひし》、花菱《はなびし》、木瓜《もっこう》、巴《ともえ》、輪、輪貫《わぬき》、輪違《わちが》い、鱗《うろこ》、引両《ひきりょう》、石畳《いしだたみ》、目結《めゆい》などになる。

亀甲《きっこう》とは亀の甲羅《こうら》の形や、甲羅の筋文を紋章化したものである。亀は古くから長寿の象徴で、玄《げん》武《ぶ》の方角（北方）の守護神とされたため、武士をはじめ神紋として用いられた。

唐花《からはな》は実在しない花だが、大陸から伝来した紋様で、奈良時代から用いられていた。平安時代になると、公家が装束や調度品に用い、やがて家紋となった。また、唐花を菱形にした各花弁の先端が3つの頂点を持つ弧を描いているのが、**花菱紋**である。

空想の花を文様化した唐花紋。可憐な花の形が人気となり、家紋に用いられた

麻は葉が特徴的で、その葉が図案化され着物の模様に用いられた。この麻の栽培に携わった家系や、衣料の神である大麻比古大神《おおあさひこおおかみ》を祀る神社の神紋とされる。

菱は水生植物の菱の実や葉を図案化したもので、古くは奈良時代から文様として使われていた。家紋としては源義光《みなもとのよしみつ》が用いたのが最初と言われる。

文様紋を代表する家紋の一つと言っても過言で

雷や雲、流水を表したといわれる「巴紋」は、雷神の加護を得るとして武将に人気があった

はない、**木瓜《もっこう》紋**は御簾《みす》（神殿などに使用される目の細かい簾《すだれ》）の上部につけられている円形の文様である。

巴紋は雷、雲、流水を表した形状と言われている。神社でよく見かけるが、これは、雷神を祀る天神信仰によるものである。また、雷は雨を呼び豊穣をもたらすとして、武将に人気の家紋の一つであった。

輪紋、**輪貫紋**はそれのみで家紋に用いられることは少なく、他の文様との組み合わせで用いられる。本家から分家する場合に、家紋も本家のものをそのまま使用できないためこの輪紋、輪貫紋と組み合わせ、差別化された。

輪違いは2個以上の輪を用いて文様化したもので、単純な形状が武将たちに好まれた。

鱗紋は蛇《へび》の鱗とも言われる。文様紋の代表である。縁起によって北条氏族が用い、蛇が神使になる大神《おおみわ》神社が神紋として用いている。

江戸時代、多くの幕臣が家紋に用いた**引両紋**。線が太陽と月の精を表すと言われ、引霊とも言われた。また、領地を表す境界線に例えられる。単純な図案ながら、さまざまな由来があり、室町幕府を興す清和源氏の足利氏、その一族が用いたのも人気の要因であろう。

石畳紋は石畳を文様化したもので、京歌舞伎役者の佐野川一松が、特に愛用していたため一松模様と呼ばれた。幾何学的な配列が美しく、武士にも人気があった。**目結紋**は一つ目から十六目があり、尚武的意義があり武将に多く用いられた。

文字紋は信仰、縁起、吉兆、勝利などの願いが込められており、表現、伝達がはっきりできるとして、江戸時代の商人に好まれた。今でもよく見かける家紋の一つである。

万字紋は寺院でよく見かけるが、これは卍《まんじ》を紋章化したもので、吉祥を表すものである。

源氏香《げんじこう》は源氏物語の五十四帖の数を香道の遊びになぞらえ、54の名前がつけられ、その符号が家紋に用いられたものだ。

亀甲紋

古代より文様として使用されていた亀甲紋。日本には大陸から伝来したとされる。亀や海の神にまつわる神社の神紋に使用されている。亀甲単独のものと、中に他の紋（花菱、有文字など）を描いたものなどがある。

長寿や海の神とされる亀《かめ》の甲羅《こうら》を紋章化

亀甲《きっこう》紋は、名のごとく亀の甲羅の形や、甲羅の筋文を正六角形の連続文様から紋章化したものである。

亀は古くから海の神、長寿の象徴とされ、日本の北方・玄武《げんぶ》の方角を守る亀に由来すると言われる亀甲紋（亀甲に剣花角）を用いる出雲大社《いずもおおやしろ》や、厳《いつく》島《しま》神社が**持合三つ盛り亀甲に花角**を用いている。

図柄は正六角形が基本で、外周は一重か二重になる。組み合わせは1つか、3つになる。中に花菱や有文字、七曜を描いたものや、崩し、三つ割り、違い一重などがある。

『見聞諸《けんぶんしょ》家紋』によると、二階堂氏、豊田氏、小田氏、浅山氏、藤氏、中村氏などが用いている。

【一重亀甲】

【亀甲】

【亀甲に違い鷹の羽】

【一重亀甲に花角】

【丸に亀甲】

【亀甲に橘】

【一重亀甲に花菱】

【陰亀甲に陰花角】

【相馬亀甲】

【花亀甲崩し】

【丸に三つ盛り亀甲】

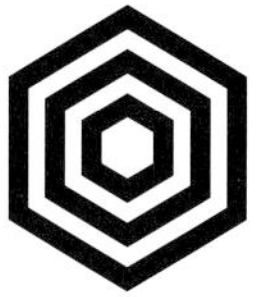

【子持ち亀甲】

【亀甲に剣花角】

【亀甲崩し】

【三つ盛り亀甲に花角】

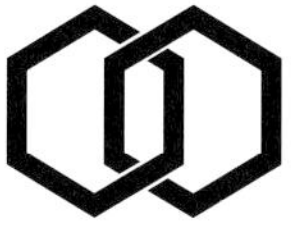

【違い一重亀甲】

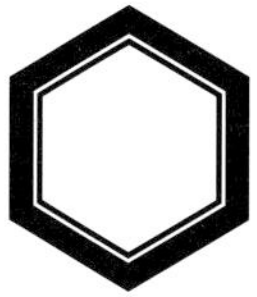

【細亀甲】

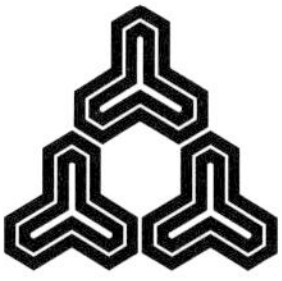

【毘沙門亀甲】

【三つ盛り亀甲に剣花角】

【三つ持ち合い一重亀甲】

【細亀甲に豆花菱】

【六方亀甲形】

【持ち合い三つ盛り亀甲に花角】

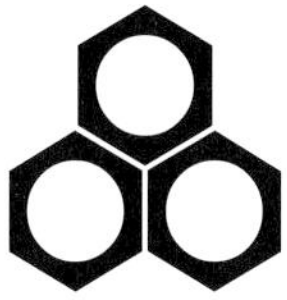

【三つ盛り鉄砲亀甲】

【反り亀甲】

【糸輪に六つ組み合わせ子持ち亀甲】

【持ち合い三つ割り亀甲に花菱】

【三つ組み合い一重亀甲】

【反り形亀甲崩し】

唐花紋

花菱紋に似ているが、花弁の先端が3つの頂点を持つ弧で描かれているため、花菱紋と区別し、ここでは唐花紋として紹介する。中国の唐時代から文様として用いられているが、奈良時代に伝来し、平安時代の公家たちに愛された。

平安時代に公家に愛された美しい紋

唐花《からはな》とは実在しない植物だが、大陸から伝わった文様である。中国では唐の時代から文様として装束や調度品に用いられていた。

日本では奈良時代に用いられていたらしい。なぜなら正倉院の唐櫃《からびつ》、鏡箱などに見ることができる。また、平安時代には、公家が装束や調度品に用いている。形が整い美しいことから、当時から人気の文様だったらしい。

図柄は花菱紋に似ているが、3〜6弁からの唐花文様を図案化したもので、4弁のものを花角《はなかく》という。

基本の**唐花**は5弁の花弁で、各弁の先端が3つの頂点を持つ弧で描かれている。これを丸で囲んだ**丸に唐花**、**台地抜き唐花**、**変わり唐花**、**鬼唐花**、**剣唐花**、**三つ盛り唐花**、**三つ割り唐花**など、美しい図柄が数多くある。

花角は先に述べたように4弁になる。**丸に花角**、弁の先端が尖っている**鬼花角**、剣と花角を組み合わせた**丸に剣花角**、**三条花角**などの他に**四つ花角**、**花角崩し**などの変わったものもある。

使用家は公家の藤原氏北条公季流閑院家《かんいんけ》の三条氏をはじめ、一族の西園寺氏、今出川氏、徳大寺氏、正親町三条氏、三条西氏、洞院氏、羽林氏、阿野氏、室町氏、四辻氏、渋野井氏、花園氏が用いている。

また、『見聞諸家紋《けんぶんしょかもん》』によると武家では萱生氏、東條氏、安芸氏、松田氏などが、大名では越前国（福井県）有馬氏などが用いている。

【香い剣唐花】

【六つ唐花】

【痩せ唐花】

【唐花】

【三つ尻合わせ唐花】

【丸に六つ唐花】

【八重唐花】

【裏唐花】

【三つ割り唐花】

【鬼唐花】

【変わり唐花】

【丸に唐花】

【陰三つ割り唐花】

【丸に鬼唐花】

【蔓唐花】

【台地抜き唐花】

【三つ割り反り唐花】

【剣唐花】

【有馬唐花】

【石持ち地抜き唐花】

【三条唐花】

【丸に花角】

【浮線綾唐花】

【横見唐花】

【丸に蔓花角】

【鬼花角】

【唐花胡蝶】

【中陰横見唐花】

【花角崩し】

【剣花角】

【唐花蝶】

【三つ横見唐花】

【四つ花角】

【陰剣花角】

【花角】

【織田唐花】

【四つ割り花角】

【丸に剣花角】

【陰花角】

【枝唐花】

麻紋

衣料品の原材料にもなる麻は、古代から栽培されていた植物である。その特徴的な葉が図案化され、衣類や調度品にあしらわれた。家紋としては麻の産地の出身、もしくは大麻比古神社の神職に見られる。

麻《あさ》の栽培に携わった家系や神職に見られる紋

着物の模様などでお馴染みの麻の葉文様は、植物の麻の葉を図案化したものである。麻は、クワ科アサ属の一年草である。その葉は5～9枚の分葉が規則正しい掌形をしており、端がギザギザになっている。

麻は15世紀末に木綿が輸入されるまで、重要な衣料の材料の一つとして全国で栽培されていた。麻の葉文様は衣類や調度品の模様などに利用され、時代とともに星形に近い形になっていった。

阿波（徳島県）の大麻比古神社は、主祭神の大麻《おおあさ》比《ひ》古《こ》大神《おおかみ》が衣料の神であるため、麻を神紋にしている。当社の神職である永井家が家紋とする他に、古来、麻の産地に発祥した麻生氏などに見られる。

【向こう真麻】

【麻の花】

【三つ割り麻の葉】

【麻の葉】

【丸に麻の葉】

【外三つ割り麻の葉】

【麻の葉桔梗】

【丸に真麻の葉】

【麻の葉車】

菱紋

菱形、菱餅などの菱という言葉の語源である浮き草の菱。その葉や実の形は横長の平行四辺形に近く、幾何学的な美しさから、衣服の文様として扱われていた。甲斐源氏の家系を代表する家紋である。

源《みなもとの》義光《よしみつ》の末裔《まつえい》甲斐武田氏の武田菱が有名

均整のとれた平行四辺形の菱《ひし》紋は、ヒシ科ヒシ属の一年生の水生植物の菱の実や葉を図案化して、文様として扱ったものだという。文様としての歴史は古く、正倉院に納められている染織品や木工品などにもあしらわれている。家紋として使用したのは、源義光が最初である。

源義光は、後三年の役（１０８３年に起きた奥州の反乱）に参戦する前に住吉大社へ戦勝祈願をした時、神託を受けて鎧《よろい》を拝領した。平定を遂げた記念に、鎧の袖に入っていた**「割り菱」**を家紋にしたという。これ以降、清和源氏でも源義光の末裔にあたる武田氏、小笠原氏などの一門が家紋に用いた。甲斐《かい》武田氏の**「武田菱」**も、その一つである。

【菱持】

【子持ち菱】

【二階菱】

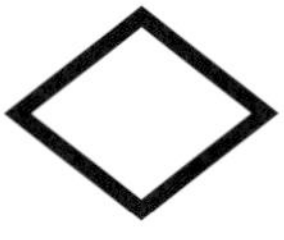

【中陰菱】

【隅入り菱】

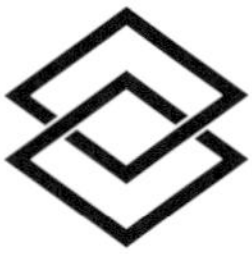

【組み合い菱】

【反り中菱】

【鉄砲菱】

【違い菱】

【幸い菱】

【四つ反り菱】

【寄せ三つ菱】

【三階菱】

【大内菱】

【松皮菱に釘抜】

【四つ割り菱】

【重ね三階菱】

【久慈菱】

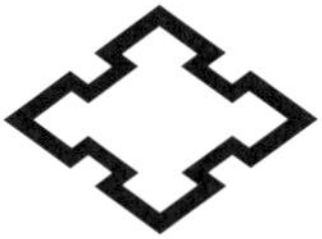

【折り入り菱】

【武田菱】

【丸に変わり三階菱】

【柳沢菱の葉】

【折り入り菱に九枚笹】

【市松菱】

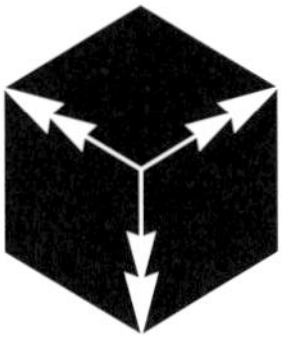

【三つ三階菱】

【米倉菱】

【三つ折り入り菱】

【入れ子菱】

【石持地抜き三つ菱】

花菱紋

大陸から伝わった唐花（実在しない架空の花）を菱形の中に組み込んだ図案で、平安時代から公家が装束や調度品に好んで用いていた文様である。その後、数多くの戦国大名や幕臣が家紋として用いた。

甲斐の武田氏をはじめ、多くの武将や大名が用いた

花菱《はなびし》は唐花の3～4弁を菱形の中に組み込んだ図案で、唐花菱《からはなびし》とも言われる。大陸から伝来したものである。平安時代から公家の装束や調度品に用いられていた。図柄は3～4弁からなる菱形で、花弁の先端が3つの頂点を持つ弧に描かれており、丸みを帯びているものが多い。**花菱**を基本に、**丸に花菱**、**鬼花菱**、**剣花菱**、**三つ花菱**、**四つ花菱**などがある。

使用家は『見聞諸《けんぶんしょ》家紋』によると、武田氏、東條氏、松田氏などが、『寛政重修諸家譜《かんせいちょうしゅうしょかふ》』によると陸奥国（青森県、岩手県）の南部氏、肥前国（佐賀県、長崎県）の五島氏、備中国（岡山県）の板倉氏などになる。

【花菱】

【むくみ花菱】

【朧花菱】

【丸に花菱】

【剣花菱】

【有識花菱】

【太陰花菱】

【中陰変わり花菱】

【郡山花菱】

【三つ蝶花菱】

【変わり杏葉花菱】

【三つ割り花菱】

【蔓花菱】

【浮線花菱】

【徳大寺家花菱崩し】

【中陰三つ割り花菱】

【三つ花菱】

【変わり花菱浮線綾】

【蝶花菱】

【組み入り花菱崩し】

【三つ変わり蔓花菱】

【蔓枝花菱】

【花菱胡蝶】

【角四つ割り花菱】

【糸輪に覗き花菱】

【変わり花菱枝丸】

【鬼花菱鶴】

【杏葉花菱】

【割り花菱】

木瓜紋

木瓜の花、胡瓜の切り口とも言われるが、御簾の上部の帽額につけられた窠紋が、家紋に発展したと言われる。現在は唐花を中央に置き、曲線で囲んだ家紋で、多くの武士、幕臣が家紋として使用している。

徳大寺家が車紋、衣装に用い、家紋にしたのが始まり

木瓜《もっこう》は木瓜の花、胡瓜《きゅうり》の切り口を図案化したものであると言われるが、御簾《みす》（神殿や宮殿などに使用する目の細かい簾《すだれ》のこと）の上部の帽額《もこう》につけられた円形の文様のことで、帽額にちなんで〝木瓜《もっこう》〟と呼ばれるようになった。

また、帽額につけられた文様は窠紋《かもん》とも呼ばれた。これは地上に作る鳥の巣をさす言葉で、卵のある鳥の巣を上から見て象ったものと言われる。

図柄は中央に唐花を置き、それを鐶状の外郭、鐶状の内部の美しい曲線が囲む**木瓜**が基本形だが、**丸に木瓜**、**菱に木瓜**、有名な**織田木瓜**などがある。

越前国（福井県）の朝倉氏をはじめ、秋元氏、織田氏、松岡氏、海老名氏、太田垣氏などが用いる。

【木瓜】

【糸輪に木瓜】

【丸に唐木瓜】

【丸に木瓜】

【石持ち地抜き五瓜】

【竪木瓜】

【陰木瓜】

【唐木瓜】

【四方木瓜】

【丸に覗き木瓜】

【丸に四方瓜】

【石持ち地抜き五つ木瓜】

【菱に木瓜】

【唐木瓜】

【五つ瓜】

【丸に竪木瓜】

【木瓜菱】

【捻じ木瓜に唐花】

【丸に五つ瓜】

【五瓜に桔梗】

【隅切り角に木瓜】

【織田木瓜】

【五つ捻じ瓜】

【一重瓜】

【木瓜に四つ目結】

【秋元木瓜】

【五つ木瓜（五瓜に唐花）】

【一重瓜に木瓜】

【五瓜に剣片喰】

巴紋

神社でよく見かける巴紋。由来は諸説あるが、雷、雲、流水などを表した形状であると考えられる。雷神のシンボルや豊穣をもたらすとして、多くの武将たちに用いられた人気の一つである。

天神信仰とともに雷を意味する紋となった

巴《ともえ》はアジアに見られる文様と考えてしまうが、古代より世界で類似した文様が見られる。そんな巴文様の由来は諸説ある。弓を引くときに弓手《ゆんで》のひじに巻きつける鞆《とも》の形をアレンジした鞆絵《ともえ》に、巴の読み名をあてはめた説、水の渦巻《うずま》きを象った説、蛇のとぐろを象った説、いなびかり（雷光）を表した説、勾玉《まがたま》を象った説などになる。

図柄は左と右の回転方向があり、1～9個の巴を組み合わせた**左一つ巴**、**右一つ巴**をはじめ、**渦巻き巴**、**巴梅鉢**、**巴七曜**などのバリエーションがある。『寛政重修諸家譜《かんせいちょうしゅうしょかふ》』によると、筑後国（福岡県）の有馬氏、丹波国（兵庫県）の九鬼《くき》氏、伊勢国（三重県）の土方氏など、数多くの幕臣や神社が用いる。

【右一つ巴】

【隅切り角に一つ巴】

【渦巻巴】

【左一つ巴】

【陰左一つ巴】

【一つ巴に一つ引き】

【丸に右一つ巴】

【左一つ細巴】

【三つ盛り一つ巴】

【右五つ巴】

【石持地抜き左二つ巴】

【二つ細巴】

【巴梅鉢】

【有馬巴】

【対い巴】

【痩せ細巴】

【左二つ巴】

【なめくじ巴】

【足上げ二つ巴】

【陰陽二つ巴】

【右二つ巴】

【抜け巴】

【左三つ巴】

【二つ折り巴】

【丸に左二つ巴】

【九曜巴】

【右三つ巴】

【中陰左二つ巴】

【二重輪に二つ巴】

輪紋・輪貫紋

輪紋・輪貫紋は他の紋様との組み合わせに用いられる場合が多く、本家と分家の紋を区別するためなどに用いられる。輪の太さも厚から毛まで8種類あり、輪の種類も洲浜、梅、藤、菊、源氏などさまざまある。

家紋としては細輪《ほそわ》が見られるが多くはない

輪紋《わもん》は名のごとく、円形、輪状の紋のことである。基本的には輪紋だけで紋にされることは少なく、主となる紋様の輪郭《りんかく》を形作るものになる。家系の宗支分け（本家から分家する場合）する際に、本家の紋と区別するために、本家の紋と輪紋とを組み合わせて、輪つきにした。

図柄は輪の太さの違いや、輪の二重、三重などのほかに菊輪、梅輪、藤輪、洲浜輪、八つ浪輪、源氏輪などがある。輪の太さは厚、太、中太、丸、中、細、糸、毛の順になる。

使用家は多くないが、『寛政重修諸家譜《かんせいちょうしゅうしょかふ》』によると、陸奥国（青森県、岩手県）の阿部氏と、伊勢国（三重県）の松平氏がともに**細輪**を用いている。

【厚輪】

【丸輪】

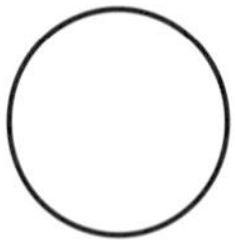
【糸輪】

【太輪】

【中輪】

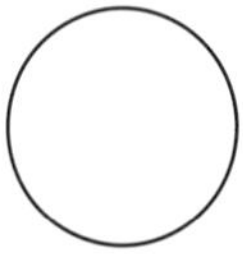
【毛輪】

【中太輪】

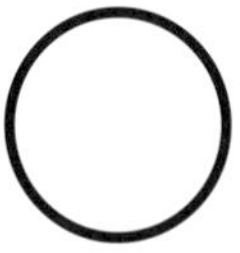
【細輪】

【石持ち】

【雪輪】

【菊輪】

【朧輪】

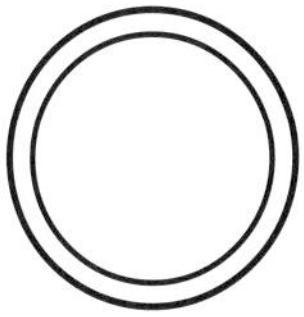
【陰丸輪】

【外雪輪】

【八重菊輪】

【朧梅輪】

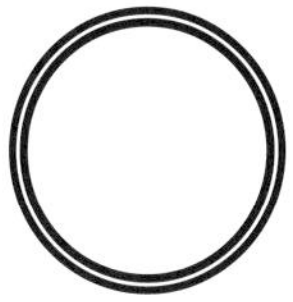
【二重輪】

【唐草輪】

【藤輪】

【地抜き朧梅輪】

【子持ち輪】

【雁木輪】

【片藤輪】

【梅輪】

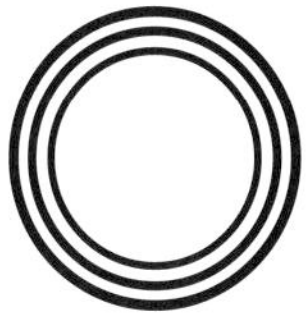
【三重輪】

【輪貫】

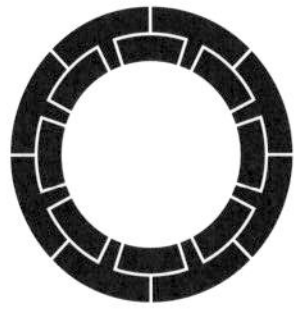
【源氏輪】

【八つ菊輪】

【洲浜輪】

輪違い紋

平安時代から人気だった文様の輪違い。名のごとく2個以上の輪を交差、もしくは組み合わせて連結したものになる。南北朝時代に家紋として見られるが、戦国時代から江戸時代に単純な形状が愛され、家紋に用いられた。

わかりやすい単純な形状が武将たちに愛された

輪違《わちが》いとは名のごとく、2個以上の輪を交差させたり、組み合わせて連結したものが、輪違い紋である。平安時代から人気の文様だったらしい。

図柄は2個の**輪違い**、**丸に輪違い**、2個で縦の竪輪違い、2個で斜めの**寄せ掛け輪違い**、輪と角の**角輪違い**、**三つ輪違い**、**四つ輪違い**、**五つ輪違い**などがある。4つの輪で構成し、中に唐花《からはな》を入れたものを花輪違いと言っていたが、現在は七宝紋に分類されている。

南北朝時代には長屋王とつながりのある、高氏、高階氏が家紋として用いた。『見聞諸《けんぶんしょ》家紋』では、高氏、彦部氏、妹尾氏などが、『寛政重修諸家《かんせいちょうしゅうしょか》譜《ふ》』では播磨国（兵庫県）の脇坂氏などが用いている。

【輪違い】

【石持ち地抜き輪違い】

【中輪に割り輪違い】

【丸に輪違い】

【丸に輪違いに一の字】

【中輪に輪違い】

【寄せ掛け輪違い】

【丸に輪違い崩し】

【三つ輪違い】

【輪違い崩し 1】

【繋ぎ輪違い】

【結び輪違い】

【丸に三つ輪違い】

【輪違い崩し 2】

【輪角繋ぎ】

【五つ輪違い】

【隅切り持ち地抜き三つ輪違い】

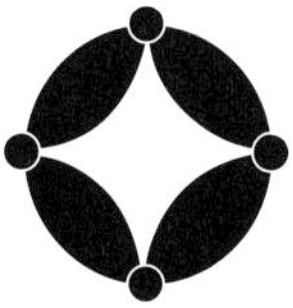

【七宝輪違い】

【変わり輪違い 1】

【六つ輪違い】

【石持ち地抜き三つ輪違い】

【花輪違い】

【変わり輪違い 2】

【違い角丸】

【剣三つ輪違い】

【輪違い木瓜】

【角輪違い】

【四つ輪組み違い】

鱗紋

縁起がよいと大蛇の鱗を旗印に用いた北条時政。それ以降、北条氏族が用いている。御神体の三輪山の語源と、神使が蛇になる大神神社ゆかりの大神氏族の緒方氏などが、家紋として用いている文様紋の代表。

北条氏族と大神氏族の緒方氏が用いた紋

形が鱗《うろこ》（蛇《へび》の鱗と言われる）に似ていることから、鱗紋と言われる。三角形を組み合わせ、幾何学的な文様が美しく、家紋に用いている武将も多い。

図柄は正三角形と二等辺三角形がある。組み合わせは、1～9までである。代表的な紋としては、**一つ鱗**、**丸に一つ鱗**、**三つ鱗**、**北条鱗**になる。他には**丸に三つ鱗**、**七つ繋ぎ鱗**、**三つ盛り三つ鱗**などがある。

この鱗紋の使用家で有名なのが、三つ鱗を用いている北条氏、北条鱗を用いている後北条氏である。『太平記』によると、現在の神奈川県（相模国）の江の島に子孫繁栄を祈るために北条時政が参籠《さんろう》（神社や寺のこもり堂に日数を決めてこもり、祈ること）した折、ある夜に赤い衣装をまとった美しい女性が現れたが、大蛇に身を変えて海中に消えた。その後にその大蛇の鱗が3枚落ちていたという。これを時政は縁起がよいとし、瑞祥として旗印に用いたのが、北条氏の三つ鱗紋の由来である。

小田原の後北条氏は、底辺の長い北条鱗を用いている。他の北条氏族では、江馬氏、吉沢氏、岡野氏、横井氏、平野氏、赤橋氏、塩田氏、桜田氏などが用いている。

また、日本最古の大神《おおみわ》神社の御神体は三輪山であるが、この三輪山は古くは〝巴輪山〟とも呼ばれた。蛇がとぐろを巻いている形に山が似ていることが、名の由来とも言われる。大神神社の神使《しんし》は蛇である。そのため、大神神社ゆかりの大神氏族の緒方氏が用いている。

【五つ鱗】

【石持ち地抜き三つ鱗】

【陰丸に対い鱗】

【一つ鱗】

【五つ鱗車】

【丸に三つ鱗】

【総陰丸に上下対い鱗】

【丸に一つ鱗】

【六つ鱗】

【北条鱗】

【糸輪に陰陽重ね鱗】

【赤垣鱗】

【細輪に六つ鱗】

【陰北条鱗】

【三つ鱗】

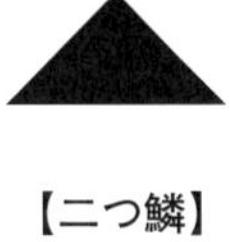
【二つ鱗】

【七つ繋ぎ鱗】

【糸輪に豆三つ鱗】

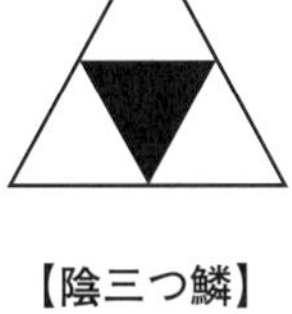
【陰三つ鱗】

【丸に対い鱗】

引両紋

合戦の時に陣地を囲む布からきているとも言われるが、紋の誕生、名称の由来に諸説ある引両紋。太陽と月の精霊や龍にも例えられるこの紋は、多くの武士が好んで用いている。

室町幕府を興した足利氏一族など多くの武士が用いた

引両《ひきりょう》とは白地に黒で線を染めた陣幕（合戦の時に陣地を囲む布）からきていると言われる。この引両を文様化したのが、引両紋である。引両は引龍、引霊、引領などとも言われている。

右記の文章からもわかるように、この引両紋の誕生、名称には諸説ある。

引両の線が太陽（日精）と月（月精）を表すとして、一つ引両は日精を、二つ引両は月精を表すと言われ、『引霊』と言われる。『引領』は、領地に線を引いて自分の領地であることを表す境界線のことである。

図柄は、1～7本の横と縦の線になるが、横が多く見られる。**『引両』**は基本的に2本線を引いたものになる。1本の**一つ引両**、3本の**三つ引両**もある。

他には丸の内に描いたもの、波打たせたもの、**丸に二つ引両**、**食い違い七つ引両**、**隅立て角に二つ引両**などがある。

この引両紋の使用家として有名なのは、室町幕府を興す清和源氏の足利氏で、**二つ引両**を用いている。また、その一族、新田氏、三浦氏、山名氏などが用いている。

他には、出羽国（山形県、秋田県）の岩城氏、肥前国（佐賀県、長崎県）の五島氏、武蔵国（東京都、神奈川県、埼玉県）の安部氏、陸奥国（青森県、岩手県、宮城県）の伊達氏、安芸国（広島県）の浅野氏など、数多くの幕臣が用いている家紋の一つである。

【三つ引両】

【二つ引両】

【隅切り角に一つ引両】

【一つ引両】

【丸に三つ引両】

【隅切り角に二つ引両】

【大中黒】

【丸一つ引両】

【丸の内に三つ引両】

【六角に二つ引両】

【丸に二つ引両】

【丸に出一つ引両】

【丸に竪三つ引両】

【菱に二つ引両】

【丸に出二つ引両】

【丸の内に一つ引両】

【隅切り角に三つ引両】

【足利二つ引両】

【丸に竪二つ引両】

【丸に竪一つ引両】

石畳紋

古くから着物などの柄として使われていた石畳紋。江戸時代に流行した家紋の一つである。京歌舞伎役者の佐野川市松が愛用したため、市松模様とも言われた。幾何学的な配列が美しい紋である。

源氏、藤原氏を継ぐ武士に人気の家紋

石畳《いしだたみ》は平たい石（敷石）を敷き並べている所をいう。神社や寺院の参道などで見かける。この石畳を文様化したのが、石畳紋である。別名、石紋、敷石紋、霰《あられ》紋とも言われる。

古くから正方形の敷石を等間隔に並べたものを、元禄模様と呼び、衣装などに用いていた。特に京歌舞伎役者の佐野川市松が好んで用いたため、市松模様とも言われた。

図柄は正方形か長方形になるが、多くは正方形を幾何学的に配列した形をしている。正方形では**丸に一つ石**、**三つ石**、**丸に三つ石**、**三つ寄せ石**、**四つ石**、**丸に平四つ石**、**変わり四つ石**、**丸に平五つ石**、**繋ぎ平九つ石**などがある。長方形は**立て三つ石**、**丸に陰陽立て三つ石**、**細輪に六つ積み石**になる。

石畳紋は菱紋に似るが、正方形、長方形の4つの角は必ず直角に描かれている。また、黒石と白石を入れ違いに用いているのも特徴。ただし、白石は数に入れない。

この石畳紋は、石畳を使用している神社に関係する人に多い。他には、桓武《かんむ》平氏良文流の土屋氏（後に源姓足利氏族、源姓小笠原氏族を名乗る）を代表に、梶原氏、本堂氏、三上氏、太田氏、平沢氏、小田島氏、小原氏などの源氏、藤原氏を継ぐ武士に人気の家紋である。

神社の境内の参道に敷かれた石畳

【石車】

【丸に四つ割り石】

【四つ石】

【丸に一つ石】

【細輪に六つ積み石】

【石持ち地抜き四つ石】

【丸に四つ石】

【三つ石】

【繋ぎ九つ石】

【丸に平五つ石】

【変わり四つ石】

【三つ寄せ石】

【繋ぎ平九つ石】

【糸輪に五つ石】

【四つ石車】

【立て三つ石】

【丸に石畳】

【丸に五つ寄せ石】

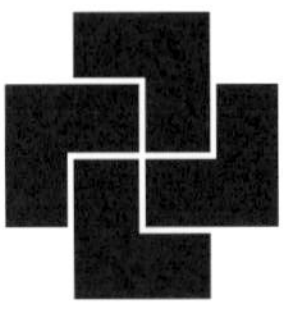

【重ね石】

【丸に陰陽立て三つ石】

目結紋

布を染める時に布をくくることで、その部分が染まらず色がつかない文様を図案化したものが目結紋である。一つ目から十六目までがある。小さな目をもつ正方形が、規則的に流れるのが美しい。

尚武的意義から武将に多く用いられた紋

目結《めゆい》とは染め文様を紋章化したもので、基本的にはくくり染め、鹿子《かのこ》絞りと言われ、布の一部をくくって染めると、くくった部分が染まらず、色がつかないためできる文様である。目結を繰り返したり、結び方によってさまざまな紋ができる。

図柄は四つ目が基本とされるが、一つ目、二つ目、三つ目から十六目まである。形は正方形が多く、その正方形が規則的に流れる。他には菱形、丸の中に描くもの、重ね、捻じなどがある。

使用家は、近江国（滋賀県）の佐々木氏一族の代表家紋で嫡流が**四つ目結紋**を、九州の少弐《しょうに》氏も四つ目結を用いている。他には飯田氏、斎藤氏、本庄氏、本間氏などが用いる。

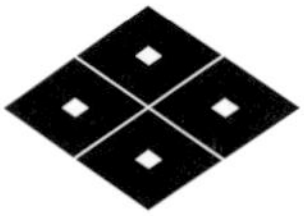
【四つ目菱】

【丸に隅立て四つ目】

【平四つ目】

【中陰四つ目菱】

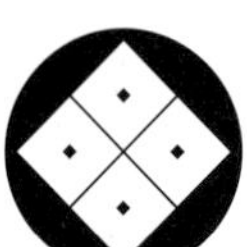
【石持ち地抜き隅立て四つ目】

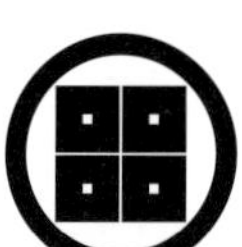
【丸に平四つ目】

【結び四つ目菱】

【反り四つ目】

【隅立て四つ目】

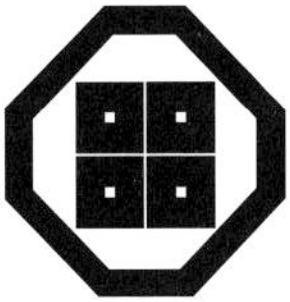
【隅切り角に平四つ目】

【糸輪に結び四つ目】

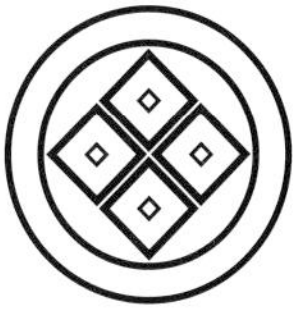
【総陰丸に隅立て四つ目】

【反り四つ目菱】

【繋ぎ四つ目】

【陰隅立て四つ目】

【陰丸輪に隅立て四つ目】

【折り入れ菱に四つ目菱】

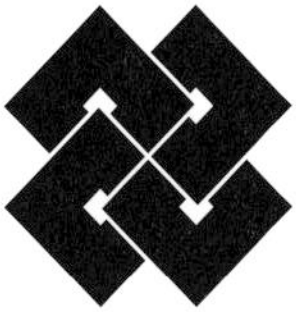
【捻じ四つ目】

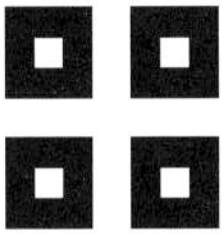
【七つ割り平四つ目】

【丸に陰隅立て四つ目】

【枷四つ目菱】

【陰捻じ四つ目】

【十一割り隅立て四つ目】

【丸に反り四つ目】

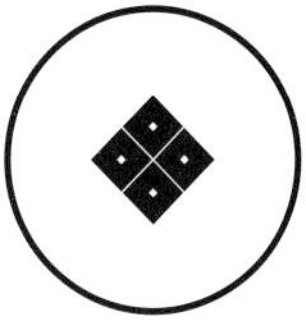
【糸輪に豆四つ目】

【市松四つ目】

【七つ割り隅立て四つ目】

【中輪に陰反り四つ目】

【組み合わせ角に平四つ目】

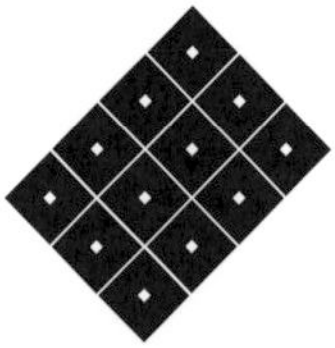
【寄せ掛け十二目結】

【繋ぎ六つ目】

【三つ目菱】

【隅立て一つ目】

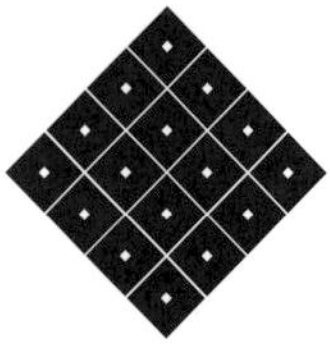
【角立十六目結】

【繋ぎ九つ目】

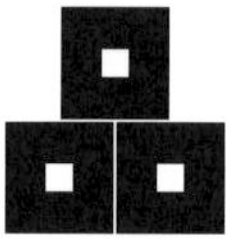
【菅沼三つ目】

【丸に二つ目】

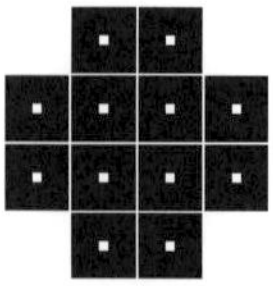
【能勢目結】

【九つ目】

【三つ目一引き】

【三つ目】

【能勢目結菱】

【持ち合い四つ目】

【隅合わせ三つ目】

【丸に三つ目】

【堀尾目結】

【重ね四つ目】

【繋ぎ五つ目】

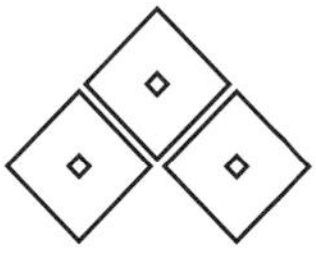
【陰三つ目】

文字紋

名のごとく文字を紋章化した文字紋。文字紋には信仰、縁起、吉兆、勝利などの願いが込められている。武家はもちろんのこと、表現、伝達をはっきりできるとして、江戸時代には商人たちも好んで用いた。

さまざまな意味合いが込められた文字紋

文字紋は数多くあるが、代表的な図柄としては、円の中に字を崩して描いているもの、円の中に曲線を使わず描く角文字、円の中に筆記体、文字で菱形を作っているもの、一文字、三文字、八文字、九文字、十文字などがある。文字は福、田、正、大、木、吉、山など数多くの紋がある。

一文字は一番乗り、物事の最初を表すため、山内氏などの武将が好んで用いた。**三文字**は三嶋信仰に由来する。**八文字**は軍神の八幡大菩薩を表し、武家が使用した。**九文字**は吉兆の数とされた。**十字**は中国で福を招くとされ、薩摩国（鹿児島県）の島津家が用いている。石田三成の文字紋は、三成の決意を表した家紋として有名。

【丸にいの字】

【丸に一の字角】

【丸に八の字】

【丸に一文字】

【丸に市の字】

【丸に十文字】

【巴の字】

【丸に正の字】

【丸に小の字】

【一文字】

【丸に変わり木の字】

【毛輪に本の字】

【丸に米の字】

【山の内一文字】

【丸に三つ大の字】

【丸に月の字】

【丸に福の字】

【角一文字】

【三つ大の字】

【丸に三つ中の字】

【丸に川の字】

【八文字】

【亀甲に有文字】

【細輪に森の字】

【細輪に太文字】

【大文字】

【加治木十文字】

【丸に木の字】

【細輪に本の字】

【葵】

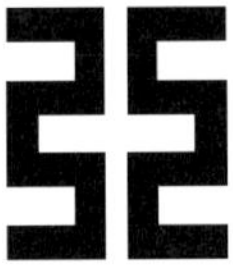
【亜の字】

【丸に鳳文字】

【丸に九文字】

【兒文字】

【戸の字】

【丸に弓の字】

【旭の字】

【島津十文字】

【石の字】

【丸に利の字】

【丸に政の字】

【大吉大一大万】

【五の字】

【い】

【丸に五つ大の字に中】

【大一大万大吉】

【品の字】

【丸に上の字】

【丸に士の字】

万字紋

仏の頭髪の右巻きの旋毛を表現したのが万字・卍である。仏教とともに日本に伝来したと考えられる。寺紋として用いられている。また、吉祥を表すため武家が好んで用いる。左万字と右万字があるが、日本は左万字が多い。

吉祥を表すとあって多くの武家が用いた

万字《まんじ》とは卍《まんじ》を紋章化したもので、寺院でよく見られる。仏教からくるサンスクリット（梵語《ぼんご》）で、仏の頭髪や胸、手足にあると言われる右巻きの旋毛を意味し、吉祥を表す。

図柄は正方形に細い切り込みを入れて卍に描き、左方向に回転する左万字、右方向に回転する**右万字**、**左万字**、**右万字**を丸の中に描いた**丸に左万字**、**丸に右万字**、万字を菱形にしたもの、丸に万字の轡状に描いたものなどがある。

使用例は、寺紋として京都府の地蔵院が左万字を、東京都の浅草寺は丸に左万字が見られる。武家では陸奥国（青森県）の津軽氏、阿波国（徳島県）の蜂須賀氏、河内国（大阪府）の高木氏などになる。

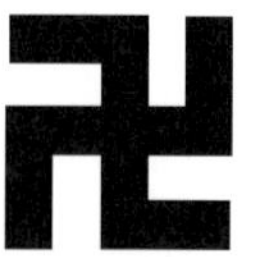
【五つ割り左万字】

【剣先万字】

【五つ万字菱】

【隅立て右万字崩し】

【丸万字】

【隅立て紗綾形万字】

【陰万字菱】

【細輪に捻じ万字菱】

【四つ隅立て五つ割り万字】

折敷に三文字紋

食器を載せる角盆の中に三文字を描いたのが「折敷に三文字紋」になる。折敷、三文字にバリエーションをもたせている。大山祇神社を氏神とする越智氏族に多く見られる。

大山祇《おおやまつみ》神社の三嶋信仰からくる「折敷《おしき》に三文字」

折敷とは細い板を何カ所か折って、縁にした角盆のことで、昔は食器を載せるために使われていたもの。三文字は愛媛県今治市大三島に鎮座する大山祇神社の三嶋信仰などからくる信仰的な意義があると考えられる。

図柄は明確で、折敷の中に三の文字を描いたものになる。折敷の線の太さや縁にバリエーションが見られ、三の文字も毛筆、角文字、波が立つ文字、蛇腹《じゃばら》に折ったものなど、様々なバリエーションがある。

使用家は、大山祇神社を氏神とする越智氏族に多い。他には戦国大名の河野氏が、江戸時代には稲葉氏、久留島氏、一柳氏などが用いている。

【折敷に角三文字】

【折敷に波三文字】

【傍折敷に三文字】

【折敷に三文字】

【折敷に縮み三文字】

【反り折敷三文字】

【折敷に角三文字】

愛媛県の大山祇神社。日本総鎮守の神社として信仰が篤く、多くの武将が武運祈願に武具を奉納している。

源氏香紋

源氏香とは平安時代に貴族たちに、江戸時代には庶民に流行した香道の楽しみ方を源氏物語五十四帖の数になぞらえて符号に54の名前が付けられたもの。その符号が、家紋に用いられた。

平安時代の貴族の風雅な遊びが図符化された

源氏香《げんじこう》とは平安時代の貴族たちが、香りを混ぜてたき、その香りの名を当てるという香道の楽しみ方の一つである。

5種類の香をそれぞれ5包ずつに分け、25包とし、さらに25包から5つを取り出してたき、香りを当てる。『源氏物語』の五十四帖にちなみ、桐壺《きりつぼ》、帚木《ははきぎ》、空蝉《うつせみ》、夕顔《ゆうがお》など、それぞれの符号に名前が付けられている。

図柄は5種類の香を縦に5本描き、上部でつなぎ合わせ、54の香りを符号化している。使用家は、出羽国（秋田県）秋田藩の佐竹氏が、花散里《はなちるさと》を用いていたという。幕臣では佐々木氏、竹本氏、堀田氏、高木氏などが用いている。

【桐壺】

【夕顔】

【紅葉賀】

【帚木】

【若葉】

【花宴】

【空蝉】

【末摘花】

【葵】

【行幸】

【初音】

【蓬生】

【賢木】

【藤袴】

【胡蝶】

【松風】

【花散里】

【真木柱】

【蛍】

【薄雲】

【須磨】

【梅枝】

【篝火】

【朝顔】

【明石】

【藤裏葉】

【野分】

【玉鬘】

【澪標】

【東屋】

【橋姫】

【御法】

【若菜・上】

【浮舟】
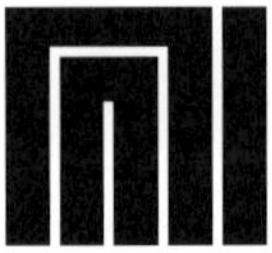
【椎本】

【幻】

【若菜・下】

【蜻蛉】

【総角】

【匂宮】

【柏木】

【手習】
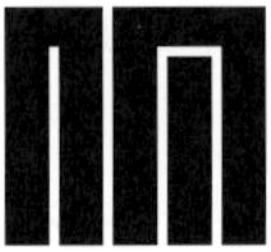
【早蕨】

【紅梅】

【鈴虫】

【夢浮橋】

【宿木】

【竹河】

【夕霧】

第十章

その他の紋

神紋／寺紋／歌舞伎紋／落語家紋

神紋

神社創建、故事、主祭神、御神体、神使などがデザイン化された神紋。神紋がいつの頃から使用されたのかは定かではないが、この神紋の由来を知ることで、益々神社を知ることができるはずだ。

神《しん》紋の由来を知ると神社のことがよくわかる

神紋とは神社の紋章のことで、**神社紋**とも言われる。神紋は各神社の創建にまつわる神徳、故事、主祭神、御神体、神使《しんし》などに由来する。

日本最古の大神《おおみわ》神社は、三輪山を御神体とし、杉を神木とするため、**三本の杉**を神紋としている。宇佐神宮は鳩が神使《しんし》であるため、**鳩**が神紋となる。伏見稲荷大社は創建にまつわる**稲**になる。

神紋でよく見られる**巴《ともえ》紋**は、雷神信仰との関係が深い。**菊紋**は天皇を祀る神社や皇室と深いつながりのある神社になる。明治神宮は皇室の定紋の菊紋と、替紋の桐の二つを使用している。他には、梅が好きだった菅原道真を祀る天満宮は**梅紋**を、日光東照宮は徳川家の**葵《あおい》紋**になる。

杉紋
【奈良・大神神社】

鳩紋
【大分・宇佐神宮】

花菱紋
【三重・伊勢神宮】

梶紋
【長野・諏訪大社】

巴紋
【京都・石清水八幡宮】

亀甲紋
【島根・出雲大社】

楢紋
【福岡・宗像大社】

鶴紋
【神奈川・鶴岡八幡宮】

桐紋
【愛知・熱田神宮】

帆掛船紋
【鳥取・名和神社】

亀甲紋
【広島・嚴島神社】

梅紋
【福岡・太宰府天満宮】

葵紋
【東京・日枝神社】

輪宝紋
【静岡・神部神社】

桜紋
【宮城・鹽竈神社】

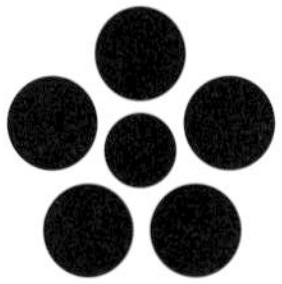

梅紋
【京都・北野天満宮】

棕櫚紋
【静岡・富士山本宮浅間大社】

稲紋
【京都・伏見稲荷大社】

桜紋
【奈良・吉野神宮】

桔梗紋
【京都・晴明神社】

菊・桐紋
【東京・明治神宮】

花菱紋
【大阪・住吉大社】

麻紋
【徳島・大麻比古神社】

目結紋
【東京・乃木神社】

雲紋
【埼玉・氷川神社】

柏紋
【兵庫・西宮神社】

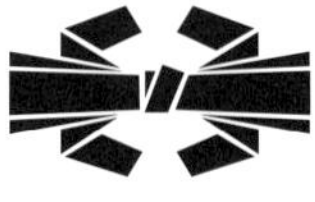

熨斗紋
【和歌山・日前・國懸神宮】

葵紋
【栃木・日光東照宮】

八稜鏡紋
【神奈川・寒川神社】

寺紋

寺紋の由来は、山号、寺号、祭祀の神仏（地蔵＝卍、大黒＝槌、布袋＝唐団扇、聖天＝巾着、愛染＝火焔宝珠、妙見＝七つ星）、開基、開山、宗祖などの伝記、故事にちなむものが多い。

開基、開山、建立の関係者との寺の関係がよくわかる寺紋

寺紋とは名のごとく寺の紋章である。**寺院紋**とも言われる。この寺紋の使用の由来をみると、山号《さんごう》（寺の名前の上にそえる呼び名）、寺号にちなむもの、祭祀の神仏にちなむもの、開基、開山、宗祖の伝記や故事、関係人物にちなむもの、宗派を示すものなどになる。

神奈川県の円覚寺の寺紋は、執権の北条時宗《ほうじょうときむね》が建立したため、北条家の家紋である**鱗**《うろこ》**紋**が使われている。

京都の知恩院は、開祖の法然《ほうねん》上人の家紋であった**杏葉紋**《ぎょうようもん》を使用している。福井の永平寺は、開基の道元《どうげん》禅師の**龍胆車**《りんどうぐるま》**紋**になる。これは、道元禅師が久我家の出自のためである。

杏葉紋
【京都・知恩院】

大覚寺紋
【京都・大覚寺】

雲紋
【京都・教王護国寺（東寺）】

龍紋
【京都・南禅寺】

桐紋
【京都・醍醐寺】

牡丹紋
【京都・東本願寺】

桜紋
【京都・仁和寺】

波紋
【京都・泉涌寺】

藤紋
【京都・西本願寺】

宝相華鎹山紋
【岩手・中尊寺】

桜紋
【奈良・唐招提寺】

桐紋
【京都・建仁寺】

引両紋
【京都・東福寺】

龍胆車紋
【福井・永平寺】

菊紋
【奈良・東大寺】

巴紋
【京都・大徳寺】

鶴紋
【京都・本能寺】

葵紋
【長野・善光寺】

龍胆紋
【奈良・西大寺】

鳳凰紋
【奈良・法隆寺】

藤紋
【京都・妙心寺】

鱗紋
【神奈川・円覚寺】

輪違い紋
【奈良・長谷寺】

藤紋
【奈良・興福寺】

茗荷紋
【京都・清水寺】

牡丹紋
【山梨・久遠寺】

菊輪宝紋
【滋賀・延暦寺】

桐紋
【奈良・金剛峯寺】

桐紋
【京都・金閣寺、銀閣寺】

歌舞伎紋

江戸時代に現代に近い演目が確立し、今なお庶民に愛されている歌舞伎。そんな歌舞伎役者の家紋は屋号とともに発展した。家紋は役者の衣装をはじめ風呂敷、提灯、暖簾などのあらゆる調度品に付けられている。

初代市川團十郎の『三升《みます》』紋が一番最初の紋

歌舞伎役者には同系列の者の呼び名を表す。市川團十郎の**「成田屋《なりたや》」**、中村勘三郎の**「中村屋《なかむらや》」**、尾上菊五郎**「音羽屋《おとわや》」**、中村吉右衛門の**「播磨屋《はりまや》」**などがある。また、家ごとに「定紋《じょうもん》」があるが、これは初代市川團十郎が江戸時代初期に商人にならって用いたのが始まりと言われている。

歌舞伎役者で一番最初の紋は、初代**市川團十郎**の**『三升』**紋である。三升は米を計る枡《ます》の大、中、小の三種を入れ子にして納め真上から見たデザインになっている。この三升は團十郎の出身である甲斐国（山梨県）東山梨郡市川村の枡からヒントを得たなどの説がある。これ以降、成田屋は三升をアレンジした紋になる。ただし、**市川猿之助**の初代は、九代目団十郎門下であるが、猿之助の名は三猿に助けられる名であるとして**『三つ括り猿』**が家紋になっている。

「音羽屋」の屋号の初代**尾上菊五郎**の家紋は、ご贔屓《ひいき》から扇に載せた柏餅をいただいた時に扇で受け取ったことから**『重ね扇に抱き柏』**になった。

初代の**中村勘三郎**は江戸で猿若座を創建し、のちに中村座を起こす。この中村座の家紋が『舞鶴』であったが、使用禁止となり**『角切銀杏』**にした。

中村歌右衛門（初代）は八坂信仰が篤く京の八坂神社の神紋をアレンジした**『筒祇園守』**を、**中村吉右衛門**が初代の「播磨《はりま》屋」は**『揚羽《あげは》蝶』**を代々家紋にしている。**松本幸四郎**の屋号は「大和屋《やまとや》」だが、五代目から「高麗屋《こうらいや》」に屋号を変え現在に至っている。家紋は**『四つ花菱』**になる。

蝶紋
【中村吉右衛門】

桜紋
【嵐巌笑】

橘紋
【市川羽左衛門】

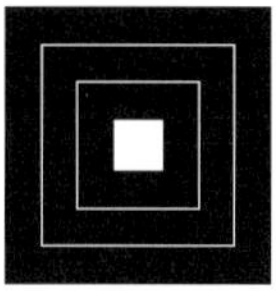

三升紋
【市川團十郎】

扇紋
【尾上菊五郎】

角切に小文字紋
【嵐三右衛門】

猿紋
【市川猿之助】

三升紋
【市川小團次】

兎紋
【尾上卯三郎】

橘紋
【嵐璃珏】

環菊紋
【市川市蔵】

三升紋
【市川左團次】

柏紋
【尾上松緑】

銀杏紋
【中村勘三郎】

結び柏蝶紋
【市川市蔵】

鶴紋
【市川右團次】

花菱紋
【松本幸四郎】

祇園守紋
【中村歌右衛門】

扇紋
【岩井半四郎】

瓢箪紋
【市川福之助】

落語家紋

江戸時代に確立した落語。亭号によって一門がわかるようになっている。脈々と続く名跡のように、紋も一門によって引き継がれるものと、出自や名前（落語家名）にちなんで付けられている。

一門で同じ紋を継承するか、出自《しゅつじ》で付ける落語紋

落語の世界には、亭号《ていごう》がある。これは○○亭や○○家などの落語家一門の名である。代表的な亭号は、圓生《えんしょう》、圓朝《えんちょう》の名跡が有名な**「三遊亭《さんゆうてい》」**、小《こ》さんで知られる**「柳家《やなぎや》」**、江戸時代から続く正蔵の名跡の**「林家」**をはじめ、**「古今亭《ここんてい》」「桂《かつら》」「立川《たてかわ》」「春風《しゅんぷう》亭《てい》」**などがある。

名跡は引き継がれていくが、紋は一門によって引き継がれていくもの、個々が名前にちなんでつけるもの、出自（氏族）に応じて付けている。

三遊亭円楽一門は**橘紋《たちばなもん》**、立川談志一門は**松紋《まつもん》**、桂米朝《べいちょう》一門は**柏紋《かしわもん》**、森乃福郎《もりのふくろう》一門は**ふくろう紋**、桂春團治《はるだんじ》一門は**花菱紋《はなびしもん》**を使用している。昔々亭桃《せきせきていもも》太郎《たろう》は、名のごとく**桃紋**になる。

片喰紋
【三遊亭圓歌】

羽団扇紋
【柳家小三治】

橘紋
【三遊亭円楽一門】

蔦紋
【三遊亭金馬】

木瓜紋
【桂歌丸】

扇紋
【三遊亭小遊三】

梅紋
【鈴々舎馬風】

松紋
【立川談志一門】

蔦紋
【林家木久扇/春風亭小朝】

兎紋
【林家染丸一門】

柏紋
【桂米朝一門】

猿紋
【柳家権太楼】

花菱紋
【林家正蔵／林家たい平】

ふくろう紋
【森乃福郎一門】

柏紋
【桂三枝（文枝）一門】

蔦紋
【古今亭志ん輔】

くらげ紋
【春風亭昇太】

竹・笹紋
【橘ノ円三一門】

花菱紋
【桂福團治一門】

沢瀉紋
【春風亭小柳枝】

桔梗紋
【桂文楽】

桔梗紋
【露の五郎兵衛一門】

竹・笹紋
【笑福亭松鶴一門】

桃紋
【昔々亭桃太郎】

橘紋
【三遊亭圓丈】

杏葉牡丹紋
【雷門小福／雷門獅篭】

花菱紋
【桂春團治一門】

竹・笹紋
【瀧川鯉昇】

柏紋
【柳家さん喬一門】

索引（50音順）

【あ】

【か】

【主な参考文献】
日本家紋総鑑（角川書店・千鹿野茂）、家紋の事典（東京堂出版・高澤等著、千鹿野茂監修）、苗字から引く家紋の事典（東京堂出版・高澤等）、日本紋章学（人物往来社・沼田頼輔）、日本家紋総覧コンパクト版（新人物往来社・能坂利雄編）、図像化された日本文化の粋 家紋の文化史（講談社・大枝史郎）、日本家紋大事典（新人物往来社・丹羽基二）、家紋－知れば知るほど（実業之日本社・丹羽基二監修）、「家紋と家系」事典（講談社＋α文庫・丹羽基二）、姓氏・家系・家紋の調べ方（新人物往来社・丹羽基二）、家紋（秋田書店・丹羽基二著・樋口清之監修）、日本の紋章（毎日新聞社・渡辺三男）、苗字 名前 家紋の基礎知識（新人物往来社・渡辺三男）、日本の家紋大全（梧桐書院・本多總一郎監修）、家紋百科 家紋由来帳（日栄出版・丸山浩一）、知っておきたい日本の名字と家紋（角川ソフィア文庫・武光誠）、歴史読本 平氏対源氏 姓氏・家紋・系図（新人物往来社）、歴史群像シリーズ【決定版】図説・戦国武将118（学研・谷口克広、伊澤昭二、大野信長）、淡交ムック 紋章とデザイン（淡交社）、落語ファン倶楽部VOL.11（白夜書房・高田文夫／笑芸人編）、自然大博物館（小学館）

【写真提供】
山梨市教育委員会、出雲大社、大山祇神社